Mailand

Aylie Lonmon

DUMONT direkt

Mailands Hauptbahnhof: Stazione Centrale F. S.

Inhalt

Benvenuti

Zu Gast in Mailand

Im ›Goldenen Karree‹ ist die Haute Couture zu Hause

12 Highlights

Inhalt

Extra-Touren

22 Reisetipps

Mailand im Internet

Mailand ist im Internet in deutscher Sprache schlecht vertreten, die meisten Websites sind nur auf Italienisch (und bieten manchmal eine englische Sprachversion) oder auf Englisch. Bei der Internetsuche ist es daher nützlich, die verschiedenen Namen (dt. Mailand, it. Milano, engl. Milan) zu versuchen.
Landeskennung: .it

www.turismo.comune.milano.it
Die Seite der Stadt Mailand, eigentlich für die Mailänder gedacht, hat aber auch einige touristische Informationen auf Englisch.

www.visitamilano.it
Gut gemachte Infoseite des Fremdenverkehrsbüros auf Italienisch und Englisch: Tourism, Business, Entertainment.

http://welmilano.itcons.com
Informationsseite der Stadtverwaltung für Besucher auf Englisch.

www.provincia.milano.it
Offizielle Website der Provinz Mailand.

www.enit.de
Website des Italienischen Fremdenverkehrsamts, das auch auf Deutsch über alle italienischen Provinzen informiert. Adressen, Telefonnummern und Öffnungszeiten aller lokalen ENIT-Büros.

www.hellomilano.it
Gute Allroundinformation auf Englisch.

Kultur

www.teatroallascala.org
Hier sieht man den Spielplan und kann Karten buchen. Die Seiten sind auf Italienisch und Englisch.

www.piccoloteatro.org
Spielplan und ausführliche Beschreibungen der Aufführungen des Piccolo Theaters, auch auf Englisch.

www.museidelcentro.milano.it
Die wichtigen mailändischen Museen, leider nur auf Italienisch. Sehr schöne historische Darstellungen, Öffnungszeiten, Preise, Anfahrt.

Was ist wo los?

www.milano24ore.de
Deutschsprachige Tourismusseite mit Hotelbuchung, Eventkalender, Ticketservice, auch für Fußballspiele.

www.vivimilano.it
Die Internetseite der Mittwochsbeilage des Corriere della Sera mit vielen Links und allen Neuigkeiten, allerdings nur auf Italienisch.

www.acmilan.com
www.inter.it
Die Websites der beiden großen Mailänder Fußballvereine. Termine und Ticket-Informationen, auch auf Englisch.

Outlets

www.guidaspacci.it
Website der sich immer weiter verbreitenden ›Outlet-Kultur‹, leider nur auf Italienisch.

www.italy-outlet.com
Internet-Store für italienische Design-Waren, auch auf Deutsch.

Und das Wetter

it.weather.yahoo.com

Benv

Mailand empfängt den Reisenden mal strahlend freundlich, offen und einladend, mal ganz in Grau gehüllt, abweisend und ›smoggig‹. Mailand – das bedeutet Industrie und Wirtschaft, Mode und Design, Scala und Piccolo Teatro, das sind Messen, Medien und Verlage, die schicksten und teuersten Geschäfte Italiens ebenso wie traditionelle Wochenmärkte. Für Feinschmecker ist Mailand mit vielen hervor-

enuti

ragenden Restaurants und Delikatessenläden ein – nicht ganz preiswertes – Schlaraffenland. Wer sich amüsieren will, stürzt sich ins nächtliche Treiben der vielen Szene-Lokale, Jazzclubs und Diskotheken. Wer Kunst sucht, findet sie nicht nur in der Pinacoteca di Brera mit einer der weltweit größten Sammlungen ›Alter Meister‹, sondern auch in weiteren Museen, Kirchen und Galerien.

Willkommen

Tempel für Freunde der Musen

Es gibt Besucher, die kommen nach Mailand, nur um Leonardo da Vincis ›Abendmahl‹ im Refektorium von Santa Maria delle Grazie und um seine Codici zu sehen – oder auch die ›Pietà Rondanini‹ von Michelangelo im Castello Sforzesco und die exquisite Privatsammlung im Museo Poldi Pezzoli. Der Gast findet schöne Kirchen und prächtige *palazzi*, für Theaterfreunde gibt es ein reiches Angebot auf vielen Bühnen, zuweilen auch ausländische Gastspiele in den drei Sitzen des Piccolo Teatro und im Tempel der Oper und des Balletts: die Scala.

Für den wahren Mailänder ist die *lirica*, die Opernmusik, ein Lebenselexier. So wurde die Scala, die durch die Bombardierungen von 1943 in Schutt und Asche gesunken war, sofort nach dem Ende des Zweiten Weltkriegs wieder aufgebaut. Denn jeder Mailänder sah die Notwendigkeit, dass das Symbol der Stadt, der Musik und der Kultur Italiens als erstes Gebäude wieder aus den Trümmern erstehen musste.

Geschäft, Geist, Mode

Doch Mailand hat noch viel mehr zu bieten. Das aber muss man geduldig ergründen, obwohl es gerade Zeit und Geduld in dieser Stadt nicht zu geben scheint, weil Tempo, Wechsel und Wandel die Devise in der wichtigsten Geschäftsstadt Italiens sind. Es wimmelt nur so von Banken, Versicherungen, Werbeagenturen, Instituten für Marktforschung und Firmenconsulting; außerdem befinden sich hier der Hauptsitz der Berlusconi-Fernsehanstalten sowie die Zentralen vieler Zeitungen und Verlagshäuser. Mailand ist ebenso ein Zentrum sozialer Macht, denn auch die Direktionen großer italienischer Gesellschaften, der großen und kleineren Parteien sowie der Gewerkschaften haben in der Stadt ihre Sitze. Gleichzeitig gilt Mailand mit sieben Hochschulen als wichtige Universitätsstadt, und seine Designschulen machen es zur Hauptstadt italienischer Kreativität, denn Modeschöpfer und Designer setzen hier heute die neusten Trends. Doch Mailand ist nicht nur Trendsetter für Mode und Design, sondern auch in der Gastronomie. Die neue Devise heißt *fusion:* Elemente der Nouvelle Cuisine werden in traditionelle Gerichte eingebracht und mit orientalischen Aromen bereichert.

Stadt im Wandel

Um das aktuelle Italien verstehen zu können, sollte man die soziale und wirtschaftliche Führungsmetropole Mailand kennen: mit all den Problemen und

Eilige Geschäftsleute gehören zum Straßenbild

Widersprüchen einer zu schnell gewachsenen Großstadt, auch wenn ihre Einwohnerzahl in den letzten Jahren auf 1,2 Mio. gesunken ist, weil hohe Mieten und schlechte Luft die Bewohner ins Hinterland treiben. Man sollte auch etwas wissen von den politischen Skandalen und dem *pool mani pulite* (saubere Hände), einem Richterteam, das versucht hat, der Korruption zwischen Industrie und Politik an den Kragen zu gehen. Das Mailand des 3. Jahrtausends erneuert im Eiltempo seinen Look. Dass die Stadt ständig im Wandel ist, bezeugen nicht nur die immensen Renovierungsarbeiten an der Scala, am Castello Sforzesco und am Palazzo Reale, sondern auch die schon begonnenen Zukunftsprojekte: der Arengario für ein Museum des 20. Jh., der Ansaldo für das neue Archäologische Museum.

Überall sind Baustellen, alte Häuser und ganze Viertel werden renoviert, Plätze neu gestaltet, wie z. B. der Piazzale Cadorna von der Stararchitektin Gae Aulenti mit einer ›Riesennadel‹ von Claes Oldenbourg, die in die Modestadt einfädelt. Die ehemaligen Industrieviertel Bovisa und Bicocca sind mit Ablegern der Universitäten, wissenschaftlichen Instituten und Theatern wichtige kulturelle Zentren geworden. Die großen ehemaligen Fabriken im Süden der Stadt verwandeln sich in Showrooms und Fotostudios, und etliche Lokale scharen sich darum. In den Töpfen der Städteplaner und Architekten brodelt es und sie verheißen große Veränderungen in den nächsten Jahren, mit neuen Museen und einer *città della moda,* einem großen, neuen Modeviertel. Die neue, riesige Messe nach den Plänen von Massimiliano Fuksas wurde 2005 in Rho eingeweiht. Das alte Mailänder Messegelände wird nun zum Spielplatz internationaler Stararchitekten, die dort drei imposante und phantasievolle Hochhäuser errichten werden.

Herrin der Ringe

Das ehemals römische Mediolanum ist bereits seit 2000 Jahren auf dem Weg in die Zukunft. Inmitten der Po-Ebene liegt es auf dem Schnittpunkt der großen Verkehrsachsen, die den Norden mit dem Süden und den Westen mit dem Osten Italiens verbinden. Mailand hat seine konzentrische Struktur bewahrt. Im Lauf der Jahrhunderte wurden die Stadtmauern immer wieder erweitert, sodass jeder Ring einer historischen Phase entspricht, die letzten, die Autobahnringe der industriellen. Der heutige innere Ring, die Cerchia dei Navigli, erhielt seinen Namen von dem Kanal, der noch in den 1930er-Jahren den Marmor vom Lago Maggiore nach Mailand brachte und genau dort floss, wo

Arkaden an der Piazza del Duomo

zuvor die mittelalterlichen Stadtmauern lagen. Zum Teil stehen noch die alten Stadttore. Der innere Ring trennt das alte Zentrum, die heutige City, von der ehemaligen Peripherie. Den zweiten Stadtring, die Bastioni, umschlossen früher die spanischen Mauern. Vor allem innerhalb des ersten, aber auch des zweiten Rings konzentrieren sich heute die meisten Sehenswürdigkeiten der mit Kunstschätzen überreich gesegneten Metropole. Ein Spaziergang auf einer der längsten Fußgängerzonen Europas (vom Castello Sforzesco bis zur Piazza San Babila), die aber leider an zwei Stellen unterbrochen und täglich vom hektischen Verkehr umkreist wird, hilft dabei ›Mailand zu begreifen‹.

Wahrzeichen

Wahrzeichen der Stadt ist der Dom Santa Maria Nascente mit seiner goldenen Madonnina, die schützend über der Stadt steht, aber auch das Pirelli-Hochhaus und die berühmte Scala. Sie bilden zusammen eine Mailänder Trilogie aus Glauben, wirtschaftlicher Macht und kulturellem Genuss.

Die architektonischen Zeugnisse der langen mailändischen Vergangenheit verstecken sich recht häufig hinter Umbauten. Darum sollte man auf jeden Fall auch einmal hinter die Fassaden, also ›durchs Schlüsselloch‹ in die sehenswerten Innenhöfe schauen, um verborgene Kleinode zu entdecken, wie z. B. einen Kreuzgang aus dem 15. Jh. in der Via Capuccio Nr. 7, den die sehr freundliche Pförtnerin auf Bitten hin aufschließt. Wunderschön sind auch die Jugendstilbauten zwischen verwunschenen Gärten in den Straßen um den Corso di Porta Venezia. In Mailand blieben zahlreiche alte Gebäude erhalten und vieles wurde nach der Zerstörung durch die Bomben der Alliierten originalgetreu wieder aufgebaut.

Mailands verschiedene Seelen

Man durchwandere die verschiedenen Stadtviertel und entdecke ihre Seelen: das feine und diskrete Sant'Ambrogio und das Magenta-Viertel mit alten Palästen und edlen Läden, Antiquitäten- und Delikatessengeschäften. Hier ist alles stilvoll, dezent und leise. Im krassen Gegensatz dazu steht das architektonisch ebenso edle, aber versnobte und exaltierte ›Goldene Karree‹, in dem ein Modezar neben dem anderen residiert und wo man Topmodels, feinen alten

Damen mit frisierten Hunden und Dandys aus aller Welt beim Einkauf begegnet. Das pulsierende Herz der Stadt, die Piazza del Duomo, die Galleria Vittorio Emanuele II und der nahe ›Centro degli affari‹ (Geschäftsviertel) – mit den riesigen, protzigen Geldtempeln der Banken und der Börse – verödet leider am Abend und dann ist es auf dem weiten, leeren Domplatz fast etwas unheimlich. Mailand ist auch eine kosmopolitische Stadt mit großen Ausländervierteln, wie der ›Chinatown‹ um die Via Paolo Sarpi und einem afrikanischen Viertel bei Porta Venezia.

Ein Hauch von Kunst weht dagegen im Brera-Viertel mit der berühmten Pinakothek, der Kunstakademie und den vielen Galerien. Leider gehören die alten Künstler- und Studentenlokale, in denen man noch bis in die 1970er-Jahre ein echtes Boheme-Milieu fand, längst der Schickeria. Wer einen Rest Boheme-Luft schnuppern möchte, sollte in das Viertel um die *navigli,* die letzten Kanäle der Stadt, gehen. Hier haben sich neben den Künstlerateliers Lokale aller Art, Antiquitätenhändler und Trödelläden angesiedelt.

Neugier hilft Begreifen

Aber wer kommt schon nach Mailand, in die modernste und geschäftstüchtigste Stadt Italiens, um Altväterliches zu suchen. Die Fülle der Eindrücke kann nur derjenige erfassen, der mit offenen Augen und voller Neugier zu Fuß das Revier durchstreift. Er wird immer wieder aufs Neue erstaunt sein, wie viel Schönes diese Stadt versteckt, wie viele Gesichter sie bietet: supermodern, nordeuropäisch und völlig unitalienisch auf der einen Seite, anheimelnd, in manchen Ecken nahezu süditalienisch und nostalgisch auf der anderen. Und an klaren Tagen erblickt man vom Dach des Doms die verheißungsvolle Kulisse des schneebedeckten Alpenkranzes, und für einen kleinen Moment verführen einen die schimmernden Berge zu der Illusion, Mailand sei ein ideales Ferienzentrum.

Mailand in Zahlen

Gründung: Im 4. Jahrhundert v. Chr. wird in der Region von den keltischen Insubrern eine Ansiedlung gegründet.
Größe: Fläche: 182 km^2
Lage: 122 m über dem Meeresspiegel
Bevölkerung: Die Einwohnerzahl sinkt im Stadtraum und liegt mittlerweile nur noch bei 1,3 Mio.; dafür steigt sie aber in den 100 Gemeinden des Umlands.
Superlative: Die Scala, die 1978 ihren 200. Geburtstag feierte, hat unter ihren Dirigenten Claudio Abbado und Riccardo Muti neuen Weltruhm erlangt. Das Piccolo Teatro, Italiens erstes Stadttheater, das bis dahin nur reisende Schauspielertruppen kannte, feierte im Mai 1997 seinen 50. Geburtstag. Es war unter der Regie seines Mitbegründers Giorgio Strehler weit über Italiens Grenzen hinaus berühmt geworden. Außerdem: Mailand ist die italienische Hauptstadt für Mode und Design, die wichtigste Messestadt und auch die größte Verlagsstadt Italiens. Hier hat die italienische Börse ihren Sitz. Von jeher war sie aber auch Zentrum und Ausgangspunkt wichtiger politischer Bewegungen Italiens.

Geschichte

Jugendstilhaus in der Via Malpighi: Casa Galimberti

4. Jh.–222 v. Chr.	Die keltischen Insubrer gründen eine erste Ansiedlung. Bei der Machtübernahme durch die Römer 222 v. Chr. wird die Lombardei als Gallia Cisalpina Teil des Römischen Reichs.
293 n. Chr.	Diokletian ernennt Mediolanum (›inmitten der Ebene‹) zur Hauptstadt des Weströmischen Reichs.
313–Ende 4. Jh.	Mailänder Edikt: Kaiser Konstantin garantiert den Christen Religionsfreiheit. Die Kirche gewinnt durch Bischof Ambrosius an Ansehen und wahrt in Mailand eine gewisse Selbstständigkeit gegenüber Rom. Die Stadt erlebt eine kulturelle Blütezeit.
5.–8. Jh.	Wiederholt wird die Stadt von Westgoten, Hunnen, Byzantinern, Langobarden und Franken überfallen und zerstört.
Ende 11. Jh.	Erste Stadtverfassung. Während des Konflikts zwischen Papst und Kaiser in den folgenden Jahrhunderten begünstigt die geografische Lage den wirtschaftlichen Aufschwung der Stadt. Mailand wird zu einem der Hauptorte der Handelsrevolution.
1162	Barbarossas Armee legt Mailand in Schutt und Asche. 20 Jahre später wird es an der Spitze der ›Lega Lombarda‹ autonom. Der Kaufmannsstand blüht auf.
1277–1499	Unter den *signorie* erlebt Mailand eine Blütezeit. Die Visconti beginnen 1386 mit dem Bau des Doms. Unter den Sforza wird das Kanalsystems weiterentwickelt. Künstler wie Leonardo da Vinci und Bramante wirken in der Stadt.
1535	Karl V. nimmt Mailand für die Spanische Krone ein.
1560–1631	Unter den Bischöfen Carlo und Federico Borromeo werden die Kirchen im Sinn der Gegenreformation umgewandelt. Es entstehen die Biblioteca und Accademia Ambrosiana.

1714–1814 Abwechselnd übernehmen Österreich und Frankreich die Herrschaft über die Lombardei. Wichtige Reformen werden unter den Österreichern zur Zeit Maria Theresias durchgeführt. Reger Dialog mit den Vertretern der Aufklärung, Pietro Verri und Cesare Beccaria.

1848–Ende des 19. Jh. Blutiger Aufstand gegen die Fremdherrschaft der Österreicher *(Cinque Giornate)*. Vittorio Emanuele II. zieht 1859 in Mailand ein, das zum Hauptzentrum des *Risorgimento* mit der Bestrebung nach Unabhängigkeit und nationaler Einheit (1861) wird. Italiens moralische, wirtschaftliche und industrielle Hauptstadt entsteht und erfährt urbanistische Veränderungen, wie den Bau der Galleria Vittorio Emanuele II.

1898–1922 Soziale Konflikte, die zu Beginn vom Heer niedergeschlagen werden, flackern immer wieder auf. Mussolini gründet in Mailand die faschistische Bewegung und ergreift 1922 die Macht.

1943 Die schwer von den Alliierten bombardierte Stadt wird wichtigstes Zentrum der antifaschistischen *Resistenza*.

nach 1945 Mailand und Turin werden Zentren des Wirtschaftswunders. Einwanderungswelle aus Süditalien.

1968–Mitte der 1970er-Jahre Mailand ist Schauplatz von Studentenrevolten, schweren Arbeiterkämpfen und Terroranschlägen.

1990 Die ›Lega Lombarda‹, die sich für die Autonomie des Nordens und die Loslösung von Rom einsetzt, erhält große Zustimmung.

1993–1994 Die ›Lega Lombarda‹ stellt den mailändischen Bürgermeister. Die traditionellen politischen Parteien Italiens lösen sich auf. Silvio Berlusconi, Besitzer des ›Fininvest‹-Imperiums, gründet die neue Partei ›Forza Italia‹ und erhält in Koalition mit der ›Lega‹ die Regierungsmehrheit.

2004 Am 7.12. (Sant'Ambrogio) wird die Scala nach dreijährigen Restaurierungsarbeiten wieder eröffnet.

2005 Die neue Messe nach den Plänen des Architekten Massimiliano Fuksas wird in Rho eingeweiht.

2008 Bei den Parlamentswahlen siegt Berlusconi mit seiner neuen Partei Partito delle Libertà. Mailand feiert die Ernennung zum Sitz der EXPO 2015.

Gut zu wissen

In Mailand ist man immer auf dem Laufenden über die neuesten Trends

Blue Monday
Fast alle Museen sind montags geschlossen. Kleine Lebensmittelläden öffnen nur am Morgen, die anderen Geschäfte erst am Nachmittag.

Dom
Hier erhält man nur sittlich bekleidet Zutritt, d. h. bedeckte Schultern, weder Shorts noch abenteuerliche Miniröcke! Polizisten wachen vor dem Eingang und kontrollieren alle größeren Taschen.

Feiertage in Mailand
1. Januar (Capo d'anno)
6. Januar (Epifania)
Ostersonntag und Ostermontag (Pasqua)
25. April (Liberazione, Tag der Befreiung vom Faschismus)
1. Mai (Festa del lavoro)
2. Juni (Festa nazionale)
15. August (Ferragosto)
1. November (Ogni Santi, Allerheiligen)
7. Dezember (Sant'Ambrogio)
8. Dezember (Immacolata Concezione, Unbefleckte Empfängnis)
25. Dezember (Natale)
26. Dezember (Santo Stefano)

Kaffeetrinken
»Prendiamo un caffè?« – so wird man in Italien zu einem Kaffee eingeladen und trinkt ihn meist stehend an der Theke.

Mailänder Messe
Die Mailänder Messe ist eine der größten der Welt. Die breite Palette umfasst Design (Salone del Mobile im April), Kunst (Miart im März), diverse Modemessen, Wein und Geschmack sowie viele weitere Fachmessen. Sie hat zwei Sitze: Fieramilanocity in der Stadt und Fieramilano in Rho. Tel. 02 49 971, www.fieramilano.it.

Öffentliche Toiletten
Die wenigen öffentlichen Toiletten in Mailand beschränken sich meist auf die Metrostationen. Man nutze also besser jede Gelegenheit in Kaufhäusern, Hotels, Bars oder Restaurants!

Parken
Um vor Autodieben und -knackern sicher zu sein, parkt man den Wagen am besten auf einem bewachten Parkplatz oder in einer Garage.

In der Zone A darf man nur auf den blau markierten Plätzen parken. Man muss sich eine ›Sosta Milano‹-Karte (1,50 €/Std., max. 2 Std.) besorgen – in Bars oder Tabacchi-Läden erhältlich – und Datum und Uhrzeit frei rubbeln. Wer falsch parkt, bekommt bestenfalls einen gesalzenen Strafzettel. Das Auto könnte aber auch mit Krallen blockiert und erst gegen Bezahlung der Strafe wieder befreit werden. Noch teurer ist es, wenn es abgeschleppt wurde. In diesem Fall muss man im Ufficio Rimozioni (Tel. 027 72 71) anrufen , Strafe zahlen und den Wagen auf einem der Parkplätze abholen.

Rauchen

In allen öffentlichen Lokalen ist Rauchen verboten, außer in Restaurants mit einem eigens dafür vorgesehenen Raum.

Reisezeit

Der Mailänder Terminkalender ist das ganze Jahr über voll besetzt mit Messen, kulturellen oder mondän-gesellschaftlichen Ereignissen. Sollte man keinem dieser Termine verpflichtet sein, so ist die beste Reisezeit im Frühjahr oder im Herbst (Achtung, während der Modemessen ist alles ausgebucht).

Das Übergangsklima beschert Mailand meist gemäßigte Winter (selten unter 0 °C, dafür viel Nebel und Feuchtigkeit) und heiße Sommer mit Durchschnittstemperaturen um 30 °C. Ruhigster Monat ist der August, nur ist dann fast alles geschlossen: *chiuso per ferie.*

Restaurant- oder Bar-Besuch

Die Lokale sind in der Regel mittags von 12–14.30 Uhr und abends von 19.30–22 Uhr geöffnet, Bars von 8–20 Uhr. Viele Küchen bieten aber auch bis spät in die Nacht noch Speisen an. Getrennte Rechnungen sind in Italien nicht üblich. Man zahlt *alla romana,* d.h. man teilt die Summe unter den Anwesenden auf oder legt seinen Teil dazu. Auf der Rechnung wird *pane e coperto,* Brot und Gedeck, meist zusätzlich ausgewiesen. Man sollte nur Gerichte mit angegebenem Preis bestellen, um keine Überraschungen zu erleben. Man muss immer eine Quittung *(ricevuta)* bekommen, denn bei Kontrollen der Steuerfahndung macht man sich ohne Quittung strafbar. Achtung! Die über den Kassen hängenden Preislisten in Bars gelten nur für den Konsum an der Theke. Am Tisch kann der Preis erheblich höher sein!

Sicherheit

Gewarnt sei vor sehr geschickten Taschendieben, besonders in der U-Bahn, in vollen Bussen, im Kaufhausgedränge oder auch an den bekannten und viel besuchten Sehenswürdigkeiten.

Telefon und Post

An den öffentlichen Telefonzellen benötigt man meist Telefonkarten *(scheda telefonica).* Diese sind bei der Post, an Kiosken oder in Bars erhältlich. Briefmarken erhält man außer bei der Post auch in den mit ›T‹ ausgezeichneten Tabakläden *(tabacchi).*

Trinkgeld

Fingerspitzengefühl ist angesagt. Alle Restaurant-, Hotel- und Taxi-Rechnungen sind *servizio compreso,* inklusive Service. Was aber nicht heißt, dass man sich nicht über ein Trinkgeld freut oder es sogar erwartet. Bei Taxis rundet man einfach auf. Im Restaurant lässt man, nachdem das Wechselgeld zurückgekommen ist, 5–10 % des Rechnungsbetrags als *mancia* auf dem Tisch liegen.

Verkehr

Dicht, sehr schnell und nicht immer gesetzestreu – das ist der mailändische Verkehr! Den Fließverkehr regeln die Polizisten oft mit strenger Hand. Tagsüber kommt man zu Fuß oder mit den gut funktionierenden öffentlichen Verkehrsmitteln besser voran als mit dem Auto.

Sprachführer

Zahlen

0 zero	19 diciannove
1 uno	20 venti
2 due	30 trenta
3 tre	40 quaranta
4 quattro	50 cinquanta
5 cinque	60 sessanta
6 sei	70 settanta
7 sette	80 ottanta
8 otto	90 novanta
9 nove	100 cento
10 dieci	200 duecento
11 undici	300 trecento
12 dodici	400 quattro-cento
13 tredici	500 cinquecento
14 quattordici	600 seicento
15 quindici	700 settecento
16 sedici	800 ottocento
17 diciassette	900 novecento
18 diciotto	

1000	mille
2000	duemila
10 000	diecimila
100 000	centomila
1 Mio.	un milione
1 Mrd.	un miliardo

Allgemeines

guten Morgen	buon giorno
guten Tag	buon giorno
guten Abend	buona sera
gute Nacht	buona notte
auf Wiedersehen	arrivederci
bitte	prego/per favore
danke	grazie
nichts	niente
Vorsicht	attenzione
links	sinistra
rechts	destra
geradeaus	diritto

Einkaufen

Ausverkauf	saldi
Geschäft	negozio
Kleidergröße	misura
Kleidung	vestiti
Kreditkarte	carta di credito
Quittung	ricevuta
Rabatt	sconto
Schuhe	scarpe

Notfälle

Apotheke	farmacia
Arzt	medico
Entzündung	infezione
Erste Hilfe	pronto soccorso
Fieber	febbre
Krankenwagen	ambulanza
Notfall	situazione di emergenza
Schmerzen	dolori
Unfall	incidente
Wunde	ferita
Zahnarzt	dentista

Post

Brief	lettera
Briefkasten	buca delle lettere
Briefmarke	francobollo
Postamt	ufficio postale
Postkarte	cartolina
Telefon	telefono
Telefonbuch	elenco telefonico
Telefonkarte	scheda telefonica

Unterkunft

Abfahrt	partenza
Ankunft	arrivo
Aufenthalt	soggiorno
Dusche	doccia
Einzelzimmer	camera singola
Doppelzimmer	camera doppia
mit/ohne Bad	con/senza bagno
Empfang	ricezione
Gepäck	bagagli
Handtücher	asciugamani
Parkplatz	parcheggio
Pass	passaporto

Personalausweis	carta d'identità	Woche	settimana
Quittung	ricevuta	Monat	mese
Rechnung	fattura/conto	Jahr	anno
Schlüssel	chiavi	Frühling	primavera
Übernachtung	pernottamento	Sommer	estate
wecken	svegliare	Herbst	autunno

Zeit

		Winter	inverno
		heute	oggi
Montag	lunedì	gestern	ieri
Dienstag	martedì	vorgestern	l'altro ieri
Mittwoch	mercoledì	morgen	domani
Donnerstag	giovedì	übermorgen	dopodomani
Freitag	venerdì	morgens	di mattina
Samstag	sabato	mittags	di mezzogiorno
Sonntag	domenica	nachmittags	di pomeriggio
Feiertag	giorno festivo	abends	di sera
Werktag	giorno feriale	Mitternacht	mezzanotte
Minute	minuto	nachts	di notte
Stunde	ora	vor/nach	prima di/dopo
Tag	giorno	früh/spät	presto/tardi

Die wichtigsten Sätze

Wie geht es Ihnen/Dir? Come sta/stai?
Bis bald! A presto!
Sprechen Sie Deutsch/Englisch? Parla tedesco/inglese?
Haben Sie ein Einzel-/Doppelzimmer frei? C'è una camera singola/doppia?
Ich möchte ein Zimmer/einen Tisch/einen Platz reservieren. Vorrei riservare una camera/un tavolo/un posto.
Die Rechnung, bitte! Il conto, per favore!
Der Fernseher ist kaputt/funktioniert nicht. Il televisore è rotto/non funziona!
Wo befindet sich die Straße/der Platz …? Dov'è la via/la piazza …?
Wo ist eine Apotheke/das Krankenhaus/das Hotel/die Bushaltestelle/der Bahnhof? Dov'è una farmacia/l'ospedale/l'albergo/la fermata del bus/la stazione?
Wo finde ich ein Telefon/eine Post/ein Taxi? Dove posso trovare un telefono/una posta/un taxi?
Wo kann ich Zigaretten/Briefmarken/Fahrscheine kaufen? Dove posso trovare sigarette/francobolli/biglietti?
Wo kann man telefonieren? Dove si può telefonare?

Auskunft

ENIT (Staatliche Italienische Fremdenverkehrsämter)

Hier erhält man Informationsmaterial sowie Straßenkarten, die man auch schriftlich anfordern kann.
www.enit.it

... in Deutschland

Friedrichstr. 187 D
10117 Berlin
Tel. 030/247 83 98, Fax 030/247 83 99
enit-berlin@t-online.de

Neue Mainzer Straße 26
60311 Frankfurt/Main
Tel. 069/23 70 69, Fax 069/23 28 94
enit.ffm@t-online.de

Prinzregentenstr. 22, 80538 München
Tel. 089/53 13 17, Fax 089/53 45 27
enit-muenchen@t-online.de

... in Österreich

Kärntnerring 4, 1010 Wien
Tel. 01/505 16 39 12
Fax 01/505 02 48
delegation.wien@enit.at

... in der Schweiz

Uraniastr. 32, 8001 Zürich
Tel. 04 34 66 40 40, Fax 043 46 64 04
info@enit.ch

IAT (Mailänder Fremdenverkehrsamt)

Piazza Duomo 19
Tel. 02 77 40 43 43
Fax 02 77 40 43 33
www.visitamilano.it
info@milanoinfotourist.com
Mo–Fr 8.45–13, 14–18
Sa, So, Feiertage 9–13, 14–17 Uhr

Das IAT gibt Informationen über Veranstaltungen, Öffnungszeiten, Hotels etc. und hat eine Reihe von Prospekten und Broschüren (auch auf Deutsch).
Im Obergeschoss des Hauptbahnhofs sitzt eine **Zweigstelle des IAT:**
Tel. 02 77 40 43 18, Mo–Sa 9–18,
So, Feiertage 9–13, 14–17 Uhr

Einreise

Reisende aus den Ländern der Europäischen Union sollten einen gültigen Personalausweis dabei haben, auch wenn nur mit wenigen Kontrollen zu rechnen ist. Für die Einreise nach Italien gelten die EU-Zollbestimmungen. Für Schweizer gelten besondere Zollbeschränkungen. Eine aktuelle Liste der Bestimmungen erhält man beim Zollamt oder im Reisebüro.

Anreise

Mit dem Flugzeug

Mailand hat drei Flughäfen: **Linate** (LIN), ca. 10 km östlich vom Zentrum dient vor allem dem inneritalienischen Flugverkehr. In **Malpensa** (MXP), ca. 50 km im Nordwesten der Stadt wird fast der gesamte Flugverkehr über zwei Terminals abgewickelt, während Billiganbieter vor allem den Flughafen bei **Bergamo** (BGY), ca. 50 km nordöstlich von Mailand in Orio al Serio nutzen. Info für Linate und Malpensa Tel. 02 74 85 22 00, www.sea-aeroportimilano.it, für Bergamo Tel. 035 32 63 23, www. orioaeroporto.it.

Nach **Linate** kommt man von 5.30–0.20 Uhr mit dem **ATM-Linienbus Nr. 73** ab Corso Europa (Piazza San Babila). Er fährt etwa alle 15 Min., braucht ca. 30 Min. und kostet 1 €. Der **Starfly Bus** fährt vom Busterminal am Hauptbahnhof auf der Seite Piazza Luigi di Savoia von 4.35–21 Uhr alle 30 Min. und kostet 5,50 €. Die **Taxifahrt** vom Zentrum aus dauert je nach Verkehr etwa 20 Min. und kostet ca. 20 €.

Nach **Malpensa** fährt ab Cadorna der Zug **Malpensa Express** (Tel. 199 15 11 52, www.malpensaexpress.it) von 4.20–1.30 Uhr alle 30 Min.

Die beiden Buslinien **Autostradale** und **Malpensa Shuttle**, die von 4.25–23.15 Uhr abwechselnd alle 10 bis 20 Min. vom Airterminal am Hauptbahnhof auf der Seite Piazza Luigi di Savoia nach Malpensa fahren, halten auch in Viale Teodorico (Messe), Dauer etwa 60 Min., Ticket 6 bzw. 6,50 €. Info: Tel. 02 33 91 07 94, www.autostradale.it und www.malpensashuttle.it. Die **Taxifahrt** vom Zentrum aus dauert je nach Verkehr etwa 50 Min. und kostet 70 €.

Zum Flughafen **Orio al Serio** von Bergamo fährt vom Airterminal am Hauptbahnhof auf der Seite Piazza Luigi di Savoia ein Bus von 4–23.30 Uhr etwa alle 15 Min. (Sa und So seltener), Ticket 8 €, Dauer etwa 60 Min., bei dichtem Verkehr oft länger).

Mit der Bahn

Aus allen Richtungen erreicht man Mailand bequem und direkt mit der Bahn. Fast alle Züge kommen am Hauptbahnhof, der **Stazione Centrale** an. Die Gleise befinden sich im Obergeschoss in der Galleria delle Partenze (Abfahrtshalle), ebenso wie ein Informationsbüro, eine Bank, eine Apotheke (24 Std. geöffnet) und diverse Geschäfte.
Zugauskunft: Tel. 89 20 21 www.trenitalia.it.

Bahnfahrkarten müssen vor der Abfahrt im Stempelautomaten auf dem Gleis entwertet werden, sonst riskiert man saftige Strafen.

Ab der **Stazione Nord Cadorna** fahren Züge nach Como und über Varese nach Laveno am Lago Maggiore (www.lenord.it).

Metro: Mit der Metro Linie 2 und 3 erreicht man das Zentrum in wenigen Minuten. Fahrkarten kauft man an Kiosken, in mit **›T‹** gekennzeichneten Tabakläden, *tabacchi,* oder am Automaten.

Tipp: Für Reisende, die mit der Bahn ankommen, empfiehlt es sich, die Karten oben in der Bahnhofshalle zu kaufen, da unten in der Metrostation meist sehr lange Schlangen stehen. Busse und Straßenbahnen fahren vom Platz neben dem Bahnhof ab.

Mit dem Auto

Aus Deutschland reist man über die österreichische Brennerautobahn A 22 (Innsbruck–Bozen) oder über den St.-Gotthard-Pass bzw. den San Bernardino aus der Schweiz (Bellinzona–Como) an. Italienische Autobahnen sind in der Regel in gutem Zustand, aber gebührenpflichtig. Die Höchstgeschwindigkeit für Pkw beträgt dort 130 km/h, auf Landstraßen 100 km/h.

Beim Touring Club Italiano (T.C.I.), Corso Italia 10, Tel. 028 52 61, erhält man gute Karten und Reiseführer.

Geld

1,00 € ca. 1.60 CHF; 1,00 CHF ca. 0,62€
An den Geldautomaten kann man rund um die Uhr mit EC- oder Kreditkarten plus Geheimnummer Geld abheben.

Viele Hotels, Restaurants und Geschäfte akzeptieren Kreditkarten und/oder Zahlung mit EC-Cash.

Sicherheit

Notruf: 112/113
Feuerwehr: 115
Polizei: 113
Pannenhilfe: 116 (Soccorso Stradale)
Notarzt: 118
Arztwache: 023 45 67 (Guardia Medica)

Notfall

Die medizinische Versorgung entspricht dem mitteleuropäischen Standard. Mit der Europäischen Krankenversicherungskarte (EHIC) können notwendige medizinische Leistungen von Vertragsärzten und staatlichen Krankenhäusern kostenfrei in Anspruch genommen werden. Behandlungen, die nicht im italienischen Leistungskatalog enthalten sind und vor Ort bezahlt werden müssen, werden i. d. R. gemäß den Sätzen der heimischen Krankenkasse erstattet.

Eine Reisekrankenversicherung ist empfehlenswert, um im Notfall Klinik oder Arzt selbst wählen zu können. Schweizer und Privatversicherte sind ausreichend abgesichert.

Im Krankheitsfall bittet man den Portier seiner Unterkunft, einen Arzt zu vermitteln.

Krankenhäuser im Zentrum

Fatebenefratelli
Corso di Porta Nuova 23
Policlinico
Via Francesco Sforza 35

Deutschsprachige Ärzte

Im deutschen Konsulat gibt es eine Liste mit Namen deutschsprachiger Ärzte.
Dr. Angelika Nolte: Via Teuliè 11 (F7), Tel. 02 58 32 50 81. Allgemeinmedizin und Gastroenterologie.
Dr. Marco Pucci: Via Moscova 60 (F 3), Tel. 02 29 00 15 67. Allgemeinmediziner und Hautarzt.

Diplomatische Vertretungen

Bundesrepublik Deutschland
Via Solferino 40
Tel. 026 23 11 01
Fax 026 55 42 13
info@mailand.diplo.de
Mo–Fr 8.30–12, Di auch 14–16 Uhr.

Österreich
Piazza Liberty 8
Tel. 02 78 35 45 und 02 78 37 43
Fax 02 78 36 25
mailand-gk@bmeia.gv.at
Mo–Fr 9–12 Uhr.

Schweiz
Via Palestro 2
Tel. 027 77 91 61, Fax 02 76 01 42 96
mil.vertretung@eda.admin.ch
Mo–Fr 9–12 Uhr.

Telefon

Aus Italien nach Deutschland: 0049 + Vorwahl ohne 0 + Rufnummer
nach Österreich: 0043 + Vorwahl ohne 0 + Rufnummer
in die Schweiz: 0041 + Rufnummer ohne 0
Aus dem Ausland nach Italien: 0039 + Vorwahl (einschließlich der ersten 0) + Rufnummer. Italienische Handynummern beginnen nicht mit 0.

Telefonauskunft national: 12; international: 41 76 (vom Handy: 89 21 76)
Telefonkarten *(schede telefoniche)* für Telefonzellen gibt es in den *tabacchi*-Geschäften; man achte auf das Verfallsdatum der Karten!

Öffnungszeiten

Achtung: Montags haben viele Museen, Geschäfte und sonstige Einrichtungen geschlossen!
Geschäfte: Im Allgemeinen Di–Sa 9/10–12.30 Uhr und 15–19.30 Uhr. Nur einige Kaufhäuser und Geschäfte im Zentrum sind durchgehend geöffnet. Einige Geschäfte in den Haupteinkaufsstraßen öffnen auch So.
Apotheke im Hbf. ist immer offen (Tel. 026 69 07 35), andere geöffnete Apotheken gratis unter Tel. 800 80 11 85 erfragen.
Banken: Mo–Fr 8.30–13.30 und eine Stunde am Nachmittag zwischen 14.30–16.30 Uhr.
Postämter: in der Regel 8.30–13.30 Uhr. Hauptpostamt, Via Cordusio 4, Tel. 02 71 48 21 26, Mo–Fr 8–19, Sa 9.30–14 Uhr.
Kirchen: in der Regel über Mittag geschlossen.
Fundbüro: Ufficio oggetti smarriti, Via Friuli 30, Tel. 02 88 45 39 00, Mo–Fr 8.30–16 Uhr.

Reisen mit Handicap

Leider gehört Mailand nicht zu den besonders behindertenfreundlich gestalteten Städten Europas, auch wenn sich in den letzten Jahren einiges gebessert hat. Durch die ungenügende Infrastruktur sind für Rollstuhlfahrer oft Hindernisse zu erwarten. Allerdings haben sich einige Hotels auf die Bedürfnisse Behinderter eingerichtet und stellen entsprechende Zimmer zur Verfügung. Zum Glück hilft häufig die Freundlichkeit der Italiener über viele Hürden hinweg.

Unterwegs in Mailand

Mit Metro, Tram und Bus

Mit den Verkehrsmitteln der städtischen Verkehrsbetriebe, **ATM** (Azienda Trasporti Municipali, Tel. 800 80 81 81, www.atm-mi.it), ist man in der Regel besser und billiger unterwegs als mit dem Auto, zumal es sehr schwierig ist, Parkplätze zu finden. Sie fahren von 6–1 Uhr.
Metro: Es gibt drei U-Bahnlinien. Linie 1 ist rot, 2 grün, 3 gelb. Eingänge sind mit weißem **›M‹** auf rotem Grund markiert.
Passante Ferroviario: Von Porta Venezia nach Bovisa Nord fahren unterirdische Züge.
Tram: Die umweltfreundlichen Straßenbahnen sind in der vom Verkehr erstickten Stadt ein Lichtblick.
Bus: Ein gutes Busnetz überspannt Mailand. Die **Fahrkarte** (1 €) ist bei beliebigem Umsteigen (mit der Metro nur eine Fahrt!) in allen öffentlichen Verkehrsmitteln 75 Min. lang gültig. Die Karten sind nicht beim Fahrer, sondern in den Metrostationen, an Kiosken, in Bars und *tabacchi*-Läden erhältlich. Einzelfahrscheine müssen beim Einsteigen unbedingt entwertet werden! Für mehrere Fahrten lohnt es sich jedoch durchaus, 24- oder 48-Stunden-Karten (3 bzw. 5,50 €) zu erwerben (auch beim IAT erhältlich).

Mit dem Radio Bus

Eine Art Sammeltaxi zwischen 20 und 2 Uhr. Es empfiehlt sich, den Dienst ein paar Tage im Voraus zu bestellen, Tel. 02 48 03 48 03. Jede Fahrt kostet 3 €.

Mit dem Taxi

Taxis sind in Mailand nicht billig. Die offiziellen sind weiß, haben einen Taxameter und eine mehrsprachige Preisliste für mögliche Aufschläge, z. B. bei Nachtfahrten. Sie stehen entweder an den auf die ganze Stadt verteilten Taxiständen oder können telefonisch bestellt werden unter Tel. 02 40 40, 02 69 69 oder 02 85 85.
Vorsicht! Fahren Sie nicht mit Leuten, die Chauffeurdienste am Bahnhof oder Flughafen anbieten!

Mit dem Leihwagen

Autoverleih an den Flughäfen und am Hauptbahnhof.

Avis: www.avis.com
Via Gasparotto 4 (auch So)
Tel. 02 67 07 08 84
Stazione Centrale
Galleria delle Carozze
Tel. 026 69 02 80
Europcar Italia:
www.europcar.it
grüne, landesweite Gratis-Nr.
Tel. 800 01 44 10
Hertz:
www.hertz.com
Piazza Duca d'Aosta 9 (auch So)
Tel. 02 66 98 51 51
Aeroporto Linate
Tel. 02 70 20 02 56
Aeroporto Malpensa
Tel. 02 58 58 10 81
Maggiore: www.maggiore.it
Largo Augusto 10
Tel. 02 76 00 42 38
Aeroporto Linate
Tel. 02 71 72 10
Aeroporto Malpensa
Tel. 02 58 58 11 33

Mit dem eigenen Auto

Fährt man mit dem eigenen Wagen ins Zentrum, muss man Mo–Fr von 7.30–19.30 Uhr für schadstoffreiche Modelle eine Gebühr zahlen, die Schadstoffklasse kann man dem KFZ-Schein entnehmen. Aktuelle Informationen unter Tel. 02 02 02, www.comune.milano.it/ecopass.

Mitfahrerzentrale

www.autostop.it

Stadtrundfahrten

Giro della Città: Di–So, Abfahrt um 9.30 Uhr in der Via Marconi, 50 € pro Person, Karten erhält man beim IAT (s. S. 18). Es gibt eine dreistündige Sightseeing-Tour durch Mailand (Dom, Galleria Vittorio Emanuele II, Scala mit Museum, Castello Sforzesco, Leonardo da Vincis Abendmahl). Es werden Führungen auf Englisch angeboten, an manchen Tagen auch auf Deutsch.

Milano City Sightseeing:
Tel. 02 86 71 31, www.milano.city-sightseeing.it, Kosten: 20 € (auch an Bord), das Ticket gilt den ganzen Tag für beide Busse. Erste Abfahrt 9.30 Uhr, letzte Abfahrt 18 Uhr ab Piazza Castello.
Zwei rote Doppeldeckerbusse (oben offen) fahren täglich zu den wichtigsten Sehenswürdigkeiten. Informationen gibt es über Kopfhörer auch auf Deutsch.

Unterwegs mit Kindern

Für kleine Leute sind Großstädte nie das ideale Pflaster. Aber viel wird auch im geschäftigen Mailand durch die italienische Kinderfreundlichkeit und Verständnis für kindlichen Lärm kompensiert. So ist ein Restaurantbesuch in Italien auch mit kleinen lauten Gästen möglich. Mailand ist wirklich kein Magnet für Kinder, doch einige Sehenswürdigkeiten und Museen können auch kleinere Gäste begeistern.

Ein schönes Ziel ist der **Parco Sempione** (s. S. 99). Hier kann man rennen, spielen, das Castello Sforzesco (E 4) besichtigen und sich vorstellen, wie die Menschen zur Zeit der Sforza, als Leonardo da Vinci hier wirkte, wohl lebten. Sollten Kinder genug von Schaufenstern und Läden haben, kann man in der Via Solferino bei **›Bridgewater Pottery Cafè‹** einkehren, sonntags brunchen (Okt.–Mai), Kuchen oder kleine vegetarische Gerichte essen (7–9 €) und sein Geschirr selbst bemalen. Zur Verfügung stehen Objekte zwischen 7.50 und 95 €, Farbe und Brennen plus 8 €. Die fertigen Stücke kann man nach einer Woche abholen.

Marionettentheater

Die Marionettengruppe Carlo Colla e Figli gastiert zuweilen beim Piccolo Teatro und das Teatro Gianni e Cosetta Colla beim Teatro della XIV.

Museen

Die ägyptischen Mumien oder die Instrumentensammlung im Castello Sforzesco sollten größere Kinder begeistern (s. S. 93). Wenige Schritte weiter am Parkrand steht das Aquarium (E 3, s. S. 89) Größere Kinder werden im Civico Museo della Scienza e della Tecnica Leonardo da Vinci (D 5) fasziniert sein von den Erfindungen des Genies Leonardo da Vinci. Im selben Gebäude befindet sich das Schifffahrtsmuseum (s. S. 94).

Auch das Civico Museo di Storia Naturale (H 3), Museum für Naturgeschichte befindet sich in einem Park. Zu den Seltenheiten zählt die Rekonstruktion des Triceratops (s. S. 90). Das Museo del Giocattolo e del Bambino (östl. K 3) ist eine Reise durch die Welt der Spielzeuge. (s. S. 94).

Ausflüge mit Kindern

Minitalia in Capriate (Bg) an der Autobahn Richtung Venedig
Tel. 029 09 01 69
www.minitalia.com
Ende März–Mitte Sept. tgl. außer Mo 9.30–18, an Wochenenden und im August tgl. 9.30–19.30 Uhr,
März, Okt.–Dez. nur an Wochenenden 9.30–18/17 Uhr,
Eintritt: Erwachsene 19 €,
Kinder 1–1,40 m 16 €.
Italien in Miniatur: Man läuft auf dem von Wasser umspülten Stiefel zwischen den wichtigsten Sehenswürdigkeiten, wie dem Mailänder Dom, dem schiefen Turm von Pisa, dem Colosseum usw., den Alpen und dem Apennin einmal durch ganz Italien. Nebenan locken ein Lunapark und ein Spielplatz.

Parco della Preistoria
(außerhalb)
Rivolta D'Adda (Provinz Cremona)
Tel. 036 37 81 84
www.parcodellapreistoria.it
25. Feb.–19. Nov. tgl. 9–19 Uhr
Erwachsene 10 €, Kinder 3–13 Jahre 8 €
Park im Adda-Naturschutzgebiet (ca. 20 km von Mailand) mit lebendigen Tieren sowie 23 in Originalgröße rekonstruierten Sauriern.

Zu Gast i

Exklusive Mode einkaufen, einen Campari oder einen caffè am Domplatz trinken, Models und Designern in Szene-Lokalen begegnen, die Kunstschätze der Sammlung Poldi Pezzoli bewundern, eine Opernaufführung in der Scala oder im Arcimboldi genießen – dieser Mailand-Führer gibt Ihnen nützliche Tipps und ausgesuchte Adressen an die Hand, damit Ihr Aufenthalt zu einem Erlebnis wird.

n Mailand

Die große Karte zum Herausnehmen hilft bei der Orientierung, die Koordinatenangaben bei allen Adressen ersparen dem Leser das lange Suchen. Auf die wichtigsten Sehenswürdigkeiten werden Sie in der Karte förmlich mit der Nase gestoßen. Und wer Mailand aus ungewöhnlicher Perspektive kennenlernen möchte, sollte sich von den fünf Touren leiten lassen …

Übernachten

Die Messe- und Geschäftsstadt verfügt über ein großes Zimmerangebot

Die Messe- und Geschäftsstadt Mailand hat zwar eine beachtliche Bettenkapazität, doch in Messezeiten sind die meisten Hotels ausgebucht. Der Andrang zu den großen Modemessen im Frühjahr und Herbst und zur Möbelmesse im April ist sogar so groß, dass viele Besucher bis weit in die Provinz ausweichen müssen. Darum empfiehlt es sich dringend, lange im Voraus ein Zimmer zu reservieren! Es gibt allerdings auch ruhigere Zeiten, in denen man nicht nur ohne Mühe ein Bett findet, sondern eventuell auch die Chance hat, an der Rezeption über den Preis zu verhandeln. In ruhigen Zeiten können die Preise bis um 40 % geringer sein.

Das Angebot an teuren, guten Hotels mit jeglichem Konfort ist reich. Viele haben großen Charme und renommierte Küchen. Daher gehen auch die Mailänder ins Hotel, allerdings nicht, um hier zu schlafen, sondern zum Aperitif oder zum Diner. Eine der Top-Cocktailadressen ist der Diana Garden des Hotels Diana Majestic. Wer eine privatere Atmosphäre sucht, nimmt seinen Drink in der Open Bar des Hotels Town House (Via Goldoni 31). So sind unter anderem die Restaurants des ›Four Season‹, des Hotels Diana, des ›Grand Hotel et de Milan‹, des Hotels Gray oder des Hotels Enterprise immer gut besucht.

In der Hauptstadt der Mode und des Design können auch die Designhotels nicht fehlen. Die Liste der von Architekten gestylten Häuser wird immer länger: Spadari, Auriga, Town House, Gray, Straf, Bulgari. Manche Häuser sind ehemalige Industriegebäude, wie das Hotel NHow in der Via Tortona und das Enterprise im Corso Sempione.

Wer am liebsten in charmanten kleinen Privatpensionen logiert, wird in Mailand kaum fündig werden, was auch auf die strengen Auflagen für das Hotelgewerbe zurückzuführen ist. Im Allgemeinen ist das Preisgefüge zudem recht hoch und es ist sehr schwer, unter den für jeden erschwinglichen Unterkünften auch empfehlenswerte zu finden. Frühstück ist in vielen Fällen im Preis inbegriffen. Die wenigsten Hotels besitzen eigene Parkplätze, aber fast alle haben in nahen Parkhäusern bzw. Garagen Stellplätze reserviert (Kosten ca. 25 € pro Tag). Wer sich länger in der Stadt aufhält, kann ein möbliertes Apartment in einer ›Residence‹ mieten.

Die angegebenen Preise sind Mindest- und Höchstpreise, letztere gelten nur während der wichtigsten Messen.

Reservierung

Zimmer kann man direkt bei den Hotels reservieren oder über verschiedene Reservierungssysteme:

Centro Prenotazioni Hotel Italia
von Italien gratis unter
Tel. 800 01 57 72
vom Ausland unter
Tel. 00 39/02 29 53 16 05 oder
00 39/02 29 40 46 16
Fax 00 39/02 29 53 15 86
www.hotelme.it
Mo–Fr 9–19, Sa 9–17 Uhr
(auch auf Deutsch)
INPHONLINE
von Italien gratis unter
Tel. 800 00 87 77
vom Ausland unter
Tel. 00 39/02 26 83 01 02
Fax: 00 39/022 61 02 36
www.initalia.it.
Mo–Fr 8.30–21, Sa 9–17 Uhr
(auch auf Deutsch)
Hotel Central Booking
Tel. 028 05 42 42
www.hotelbooking.com, www.hcb.it
Mo–Fr 9–18 Uhr

Günstige Hotels

Bed & Breakfast ist eine erschwingliche Alternative zu den teuren Mailänder Hotels. Viele Adressen in und außerhalb der Stadt bietet www.milanoincasa.it.

Bed and Bread (B 5)
Via Vetta d'Italia 14
Tel. 02 46 82 67,
Mobil 33 38 39 64 41
www.bedandbread.it
(mit Links zu weiteren *B&Bs*)
Metro: M1 (Pagano) und
M2 (Sant' Agostino)
Bus: 58, 68, 61, 50, Tram: 29, 30
DZ 120 €
Das Haus aus dem Beginn des 20. Jh. bietet drei Zimmer mit eigenem Bad, ein gemeinsames Wohnzimmer mit Büchern, Internetanschluss und Musik und zum Frühstück selbst gemachte Marmeladen und Kuchen.

Hotel Aspromonte (K 1)
Piazza Aspromonte 12–14
Tel. 022 36 11 19
Fax 022 36 76 21
www.hotelaspromonte.it
Metro: M1 und M2 (Loreto); Tram: 33
DZ 69/210 €, 3-Bett-Zimmer 90/250 €
Freundlich geführtes Hotel in der Nähe des Corso Buenos Aires, mit sauberen Zimmern und einem kleinen Garten.

Hotel Due Giardini (H 2)
Via B. Marcello 47
Tel. 02 29 52 10 93, 02 29 51 23 09
Fax 02 29 51 69 33
www.hotelduegiardini.it
Metro: M1 (Lima, Porta Venezia)
DZ 75/170 €
Einfaches, kleines, familiär geführtes Hotel mit einer kleinen Glasveranda zum Garten, in der das Frühstück serviert wird.

Preisniveau

Günstig
DZ: 70–150 € (110–240 CHF)
EZ: 50–140 € (80–225 CHF)
Moderat
DZ: 140–200 € (225–320 CHF)
EZ: 100–150 € (160–240 CHF)
Teuer
DZ: 200–350 € (320–560 CHF)
EZ: 150–260 € (240–420 CHF)
Luxus
DZ: ab 350 € (ab 560 CHF)
EZ: ab 260 € (ab 420 CHF)

Die Preise beziehen sich auf 2 Pers./DZ (meist ohne Frühst.). Höchstpreise, die nur während der wichtigsten Messen gelten, sind hier nicht berücksichtigt.

London (F 4)

Via Rovello 3
Tel. 02 72 02 01 66
Fax 028 05 70 37
www.hotellondonmilano.com
Metro: M1 (Cordusio und Cairoli)
DZ mit Bad 120/170 €,
ohne Bad 80/150 €,
Frühstück 8 €
Die zentrale Lage neben dem alten Piccolo Teatro macht dieses einfache Hotel mit 29 Zimmern beliebt, selbst die sechs Zimmer ohne eigenes Bad sind meist ausgebucht. Die kleine ›Hall‹ bietet eine Bar. Frühstück wird im Zimmer serviert.

Hotel San Francisco (K 1)

Viale Lombardia 55
Tel. 022 36 03 02
Fax 02 26 68 03 77
www.hotel-sanfrancisco.it
Metro: M1 und M2 (Loreto, Piola)
Tram: 33, Bus: 62
DZ 75/140 €
Das familiär-freundlich geführte Haus mit 30 Zimmen liegt unweit des Piazzale Loreto und der Einkaufsmeile Corso Buenos Aires. Die angenehme Hotelbar öffnet sich zu einem kleinen, beschaulichen Garten. Gutes Preis-Leistungs-Verhältnis.

Hotel San Guido (E 2)

Via Carlo Farini 1/A
Tel. 026 55 22 61
Fax 026 57 28 90
www.nih.it
Metro: 2 (Porta Garibaldi)
DZ 100/190 €

Mit Bus, Tram und Metro kann man von allen Hotels aus die Sehenswürdigkeiten in der Innenstadt gut erreichen

Das mit alten Möbeln eingerichtete Hotel verfügt über 31 Zimmer und liegt in einer aufblühenden Gegend, die mit vielen neuen Lokalen, Kunstgalerien und Restaurants immer attraktiver wird.

Mittelklassehotels

Albert Hotel (H 1)

Via Tonale 2
Tel. 02 66 98 54 46
Fax 02 66 98 56 24
www.alberthotel.it
Metro: M2 und M3 (Stazione Centrale); Bus: 9, 81, 90, Tram: 2
DZ maximal ca. 200 €
Dieses praktisch und behindertengerecht eingerichtete Haus mit 62 Zimmern vermittelt gleich beim Eintritt einen freundlichen und hellen Eindruck. Es gibt ein üppiges Frühstück.

Antica Locanda Leonardo (D 4)

Corso Magenta 78
Tel. 02 48 01 41 97
Fax 02 48 01 90 12
www.anticalocandaleonardo.com
Metro: M1, M2 (Cadorna), M1 (Conciliazione), Tram: 16
DZ 195–215 €
Gleich neben der Kirche Santa Maria delle Grazie mit dem berühmten Abendmahl von Leonardo da Vinci im Refektorium des angeschlossenen Klosters. Geführt wird das Haus von einer polyglotten Japanerin. Die meisten Zimmer liegen über dem Innenhof, in dem man auch sitzen kann.

Hotel Demidoff (J 2)

Via Plinio 2
Tel. 02 29 51 38 89
Fax 02 29 40 58 16
www.hotel-demidoff.it
Metro: M1 (Lima)
DZ 80/180 €, 3-Bett-Zimmer 95/230 €, Suite 160/350 €
Zwei Schritte von der Einkaufsmeile Buenos Aires entfernt liegt das renovierte Hotel mit einfachen Zimmern, die alles haben, was man braucht. Es gibt einen Frühstücksraum und eine Bar mit Nachtdienst. Schräg gegenüber, in der Via Plinio 5, bietet die Focacceria Genovese *focacce* (Fladenbrot) in allen Variationen zum Mitnehmen an.

Hotel Domenichino (A 3)

Via Domenichino 41
Tel. 02 48 00 96 92
www.hoteldomenichino.it
Metro: M1 (Amendola Fiera)
DZ 80/220 €
Etwas abseits vom Trubel gelegenes, funktionelles, freundlich geführtes Hotel. Die Zimmer sind nicht sehr groß, aber mit jeglichem Komfort versehen. Eigener Parkplatz 16 € pro Tag.

Hotel Europeo (D 2)

Via Canonica 38
Tel. 023 31 47 51
Fax 02 33 10 54 10
milpeo.booking@tiscalinet.it
Bus: 57
DZ 145/250 €
Gleich beim Betreten des Hotels sieht man im Innenhof ein kleines Schwimmbad liegen, das an heißen Sommertagen Erfrischung verspricht. Das Haus hat 45 Zimmer und eine freundliche Atmosphäre; eine Garage befindet sich im Haus (25 €). Das Hotel liegt nicht weit entfernt von der Messe zwischen dem Parco Sempione und der ›Chinatown‹ (s. S. 111).

Hotel King (E 5)

Corso Magenta 19
Tel. 02 87 44 32

Fax 02 89 01 07 98
www.hotelkingmilano.com
Tram: 27, 24
Bus: 50, 54, 58
DZ 140/390 €
Das 48-Zimmer-Haus steht direkt gegenüber dem barocken Palazzo Litta und strahlt eine ›plüschig‹-freundliche Atmosphäre aus. Alle Räume sind mit gemütlichen Holzbetten eingerichtet und verfügen über Schallschutzfenster und Klimaanlage. Vom sechsten Stock hat man einen schönen Blick bis zu den Türmen des Castello Sforzesco. Großes Frühstücksbuffet.

Hotel Napoleon (J 2)

Via Ozanam 12
Tel. 02 29 52 03 66
Fax 02 29 52 03 88
www.hotelnapoleonmilano.it
Metro: M1 (Lima)
DZ 130/240 €, am Wochenende, wenn keine Messe ist, 100 €
Ganz nah beim Corso Buenos Aires liegt das freundlich geführte, ruhige Hotel mit nicht sehr großen, aber angenehm eingerichteten Zimmern mit Dusche. Im kleinen Raum der American Bar wird das Frühstück serviert.

Palazzo delle Stelline (D 5)

Corso Magenta 61
Tel. 024 81 84 31
Fax 02 48 19 42 81
www.hotelpalazzostelline.it
Metro: M1, M2 (Cadorna), Tram: 16; Bus: 94
DZ 168 €, Suite 198 €
Elegantes, ruhig gelegenes Hotel mit 105 Zimmern in einem Gebäudekomplex aus dem 16. Jh., der in den 1970er-Jahren zum Kongresszentrum umgestaltet wurde. Man blickt auf Innenhöfe oder Gärten; von den Zimmern im dritten Stock sieht man die eindrucksvolle Bramante-Kuppel von Santa Maria delle Grazie. Im Sommer sitzt man sehr schön draußen.

Hotel Star (F 4)

Via Dei Bossi 5
Tel. 02 80 15 01
Fax 02 86 17 87
www.hotelstar.it
Metro: M1 (Cordusio); Tram: 1, 3, 4, 12
DZ 185 €
Gut geführtes Haus ganz in der Nähe der Scala. 30 Zimmer mit Dusche, einige mit Türkischem Bad. Frühstück an kleinen Bistro-Tischchen. Die Bar, in der man auch einen Toast bekommt, ist von 7–23 Uhr geöffnet. Kein Parkplatz.

Gehobener Komfort

Antica Locanda dei Mercanti (F 4)

Via San Tomaso 6 (2. Stock)
Rezeption und Frühstücksraum Nr. 8
Tel. 028 05 40 80
Fax 028 05 40 90
www.locanda.it
Metro: M1 (Cairoli)
DZ ohne Frühstück 192/400 €
Das Hotel im Herzen von Mailand hat nur Doppelzimmer und ist äußerst gemütlich und liebevoll eingerichtet. Vorhänge aus schönen Stoffen, Regale mit Büchern und frische Blumen schmücken die kleinen Zimmer und verleihen ihnen eine persönliche Atmosphäre.

Antica Locanda Solferino (F 2/3)

Via Castelfidardo 2
Tel. 026 57 01 29
Fax 026 57 13 61
www.anticalocandasolferino.it
Metro: M2 (Moscova), Bus: 43
EZ 160/270 €, DZ 220/400 €

Sehr intimes Elf-Zimmer-Hotel im Brera-Viertel, beliebt bei Journalisten und Models und fast immer ausgebucht. Möbel aus Großmutters Zeiten und Blümchentapeten geben den Zimmern eine französisch anmutende Atmosphäre.

Ariosto (C 4)

Via Ariosto 22
Tel. 024 81 78 44
Fax 024 98 05 16
www.brerahotels.com
Metro: M1 (Conciliazione); Tram: 29, 30
DZ 100/360 €
Die Fassade und das Treppenhaus haben noch ihren Jugendstil-Charme bewahrt, ansonsten ist das Hotel völlig renoviert. Den Hotelgästen stehen Fahrräder zur Verfügung.

Ariston (E 5)

Largo Carrobbio 2
Tel. 02 72 00 05 56
Fax 02 72 00 09 14
www.aristonhotel.com
Tram: 2, 3, 8
DZ 320 €, 3-Bett-Zimmer 360 €
Das erste ›Ökohotel‹ der Stadt, kürzlich mit umweltfreundlichen Materialien renoviert, hat 52 Zimmer. Zum Frühstücksbuffet gibt es Kräutertees und Bioprodukte. Nichtraucher wohnen auf einer eigenen Etage. Fahrräder stehen kostenlos zur Verfügung. Parkmöglichkeiten für acht Autos (ca. 18 € pro Tag).

Hotel Manin (G 3)

Via Manin 7
Tel. 02 659 65 11
Fax 026 55 21 60
www.hotelmanin.it
Metro: M3 (Turati); Bus: 94
DZ 324 €
Von den modern und komfortabel eingerichteten Zimmern im letzten Stock hat man den schönsten Blick auf den Stadtpark. Eigenes Restaurant und Bar.

Hotel Spadari (F 5)

Via Spadari 11
Tel. 02 72 00 23 71
Fax 02 86 11 84
www.spadarihotel.com
Metro: M1 und M3 (Duomo)
Tram: 2, 3, 8, 19
DZ 168/348 €, Suite 368 €
Das Hotel in Domnähe ist mit Möbeln des Designers Ugo la Pietra eingerichtet. In jedem der 40 Zimmer und im Foyer hängen Bilder von jungen Künstlern der Akademie Brera. Freundliche Atmosphäre.

Hotel Zurigo (F 6)

Corso Italia 11/a
Tel. 02 72 02 22 60
Fax 02 72 00 00 13
www.brerahotels.com
Metro: M3 (Piazza Missori), Bus: 94
DZ 138/360 €
Dieses zentral gelegene Haus mit 40 funktionellen Zimmern bietet seinen Gästen gratis auch Fahrräder an.

Luxushotels

Im ersten 7-Sterne-Hotel Europas in der Galleria Vittorio Emanuele II liest man den Gästen jeden Wunsch von den Augen ab und stellt ihnen Privatbutler und Chauffeure zur Verfügung. Hier eine kleine Auswahl der vielen Mailänder Luxushotels:

Four Seasons Hotel (G 4)

Via Gesu 8
Tel. 027 70 88
Fax 02 77 08 50 00
www.fourseasons.com/milan
Metro: M3 (Monte Napoleone)

Tram: 1, 2
DZ ab 775 €
Suite 810/7900 €
Das hochexklusive Hotel liegt mitten im ›Goldenen Karree‹, in einem ehemaligen Kloster aus dem 15. Jh. mit einem sehr schönen Innenhof. Alle 118 Zimmer bzw. Suiten sind unterschiedlich eingerichtet. An kalten Tagen flackert im freskendekorierten Foyer ein Kaminfeuer. Die zwei Restaurants, **›La Veranda‹** und **›Il Teatro‹**, warten mit erlesenen Gerichten auf. Den Gästen steht auch ein Fitnesszentrum zur Verfügung.

Grand Hotel et de Milan (F 4)

Via Manzoni 29
Tel. 02 72 31 41
Fax 02 86 46 08 61
www.grandhoteletdemilan.it
Metro: M3 (Monte Napoleone)
Tram: 1, 2
DZ ab ca. 600 €
Neben den luxuriösen Suiten von Giuseppe Verdi – der lange hier wohnte und am 27.1.1901 starb –, der Herzöge von Windsor, von Eleonora Duse, Hemingway, Elizabeth Taylor und Richard Burton gibt es sehr komfortable, individuell eingerichtete Zimmer. Die Einrichtung im Stil Louis XVI., des Jugendstils und des Art déco wurde nach der Renovierung beibehalten. Das Grand Hotel mit ›Fin-de-Siècle-Atmosphäre‹ hat eine große Halle, Säle für Gala-Abende und zwei Restaurants. Im **›Don Carlos‹** ist die Küche bis 0.30 Uhr geöffnet.

Le Méridien Gallia (H 1)

Piazza Duca d'Aosta 9
Tel. 026 78 51
Fax 02 66 71 32 39
www.starwoodhotels.com
Metro: M2, M3 (Stazione Centrale)
DZ 198/649 €
›Endstation Gallia‹. Direkt neben dem Bahnhof steht dieses um die Wende zum 20. Jh. erbaute, gänzlich renovierte Mailänder Traditionshotel. Man residiert in geräumigen, schön eingerichteten Zimmern mit Deckengemälden über dem Bett und prunkvollen Marmorbädern. Das Haus verfügt außerdem über große Säle für jeden Anlass.

Hotel Principe di Savoia (G 2)

Piazza della Repubblica 17
Tel. 026 23 01
Fax 026 59 58 38
www.hotelprincipedisavoia.com
Metro: M3 (Piazza Repubblica)
Tram: 29, 30
DZ 340/680 €
Hier steigt die Prominenz gern ab. Superluxus, Superservice, Superpreise. Die Präsidentensuite mit Privatschwimmbad kostet 15 500 €.

Sheraton Diana Majestic (H 3)

Viale Piave 42
Tel. 022 05 81
Fax 02 20 58 20 58
www.sheraton.com/dianamajestic
Metro: M2 (Porta Venezia)
Tram: 9, 29, 30
DZ ab 250 €, Suiten ab 450 €
Das Hotel wurde an der Stelle des ersten öffentlichen Schwimmbads der Stadt gebaut. Dieses prunkvolle Jugendstilgebäude avancierte zu einem eleganten Hotel. Vor allem Gäste aus der Modewelt beziehen hier ihr Quartier. Bei Brunnengeplätscher im verträumten Garten vergisst man, dass man sich mitten in der Stadt befindet. Im Sommer wird draußen gegrillt. Zum Aperitif füllt sich der Garten auch mit Nicht-Hotelgästen.

Apartments

Residence la Darsena (D 7)

Via Vigevano 13
Tel. 028 32 36 41, 02 89 40 68 64
Fax 02 58 10 10 51
www.ladarsena.it
Metro: M 2 (Porta Genova)
Tram: 19, 29, 30
Beispiele: 1-Zimmer-Wohnung für eine Person: 140 € pro Tag, 1500 € im Monat. 2-Zimmer-Wohnung für zwei Personen: 160/180 € pro Tag, 2050 € im Monat.
Einfach eingerichtete Apartments mit Kochnische und Bad in renovierten *case a ringhiera* im Navigli-Viertel (s. S. 117).

Rentxpress (E 6)

Via Conca del Naviglio, 18
Tel. 02 58 34 90
Fax 025 83 49 02 21
www.rentxpress.com, www.halldis.com
Über Rentxpress werden etwa 300 über das gesamte Stadtzentrum verteilte Privatwohnungen vermittelt. Man kann von der Einzimmerwohnung bis zum großen repräsentativen Apartment für einen Zeitraum ab drei Tagen mieten. Der Service ist der eines *Residences* und noch viel mehr. Je nach Wohnung ab 120 € am Tag und 1300 bis 5000 € im Monat.

Jugendherbergen

Ostello Piero Rotta (westl. A 2)

Via Salmoiraghi 2
Tel. 02 39 26 70 95
Fax 02 33 00 01 91
24 Std. geöffnet, Abreise 7–10 Uhr
23.12–12.1. geschl.
www.ostellionline.org
www.ostellomilano.it
Metro: M1 (Lotto/Q T8); Bus: 68
20 € mit Frühstück
3-Bett-Zimmer 66 €
Diese Jugendherberge verfügt über 370 Schlafplätze. Die Regeln richten sich nach dem europäischem Standard. Man braucht die ›YHFC‹ (Youth Hostel Federation Card), die man auch an Ort und Stelle erwerben kann. Laken sind vorhanden, aber keine Handtücher.

La Cordata / Casa Scout (F 7)

Via Burigozzo 11
Tel. 02 58 31 46 75
Fax 02 58 30 35 98
www.lacordata.it
Tram: 29, 30, 9
Übernachtung 21/25 € in spartanischen 6/8/16-Bettzimmern und Küchenbenutzung. Es gibt nun auch 17 Hotelzimmer mit Bad: EZ 50/70 €, DZ 70/100 €, 3-Bett-Zimmer 90/120 €, 4-Bett-Zimmer 110/140 €.

Camping

Città di Milano (westl. A 3)

Via G. Airaghi 61
Tel. 02 48 20 01 34
Fax 02 48 20 29 99
www.campingmilano.it
Metro: M1 (De Angeli), von dort weiter mit Bus 72; Metro: M1 (Primaticcio), von dort Bus 64
Der Platz ist offiziell ganzjährig geöffnet, es empfiehlt sich aber vorher anzurufen.

Außerhalb: In Monza Camping Autodromo

Parcomonza
Tel./Fax 039 38 77 71
Der Campingplatz ist Ende April bis Ende September geöffnet.

Essen & Trinken

Mailand ist ein Schlemmerparadies

Bis vor wenigen Jahren galten die Superlative in Mailand nur der Mode und dem Design, heute findet man sie auch in der Gastronomie. Einige der berühmtesten Küchenchefs residieren hier und mischen Tradition mit Einflüssen aus der ganzen Welt.

Nicht von ungefähr zieht man in Italien dem Fast Food das italienische Slow Food vor. Selbst die berufstätige Frau greift selten zum Fertiggericht. So haben die Fast-Food-Lokale nur bei Jugendlichen und Emigranten Erfolg. Der eilige Geschäftsmann geht lieber in eine *paninoteca* und isst ein kunstvoll zubereitetes *panino* (Brot mit Käse, Fleisch oder Wurst, garniert mit Gemüse, Soßen, Trüffel oder Salat zwischen 3,50 und 8 €), ein *tramezzino* (Sandwich) oder ein Stück Pizza. In vielen Bars wird daneben auch ein kleiner *primo* oder *secondo* (Vor- oder Hauptspeise) angeboten – eben Fast Food auf Italienisch. Relativ neu sind in Mailand die Kebab-Lokale, die vor allem bei Studenten großen Erfolg haben.

Frühstück heißt für den Italiener lediglich *caffè* (*espresso*, versteht sich) oder *cappuccino* (Kaffee mit aufgeschäumter Milch), dazu ein *cornetto* (Croissant) oder eine *brioche*. Basta!

Das **Mittagessen** spielt eine größere Rolle. Man isst als *primo* Pasta, Risotto oder Suppe und als *secondo* Fleisch oder Fisch mit Gemüse. Wenn man noch arbeiten muss, verzichtet man lieber auf Vor- und Nachspeise und hebt sich das üppige Essen für den Abend auf. Dazu trinkt man Wein und/oder Mineralwasser.

Die angegebenen **Preise** sind Durchschnittspreise eines dreigängigen Menüs (*antipasto* oder *primo, secondo, dolce*) pro Person ohne Getränke. Manche Lokale lassen sich nicht nur einer Kategorie zuordnen: Man kommt morgens zum Cappuccino, mittags zum Essen, später zum Aperitif und nach dem Kino zum späten Beisammensein.

Kulinarische Spezialitäten

Zuwanderer aus ganz Italien und auch aus nahen und fernen Ländern haben das gastronomische Angebot in Mailand sehr erweitert. Vom Edelrestaurant über die Trattoria bis zu Pizzerien, Bars und Paninoteche – das Angebot ist groß. Viele Restaurants bieten eine gemischte Küche mit Gerichten aus ganz Italien an, viele Trattorien sind heute zu chinesischen, indischen oder japanischen Restaurants geworden. In Mailand, dem Hauptumschlagsort in Italien, gibt es zudem den frischesten Fisch ohne Blick aufs Meer. Billig ist freilich nichts in Mailand.

Die mailändische bzw. lombardische Küche ist deftig – mit viel Butter statt des sonst üblichen Olivenöls. Typische Gerichte sind *cassoela* (Schwein mit Wirsing) und die vielen verschiedenen *risotti* (mit dem Reis von den Feldern der Po-Ebene). Der berühmteste, *risotto alla milanese,* ist der goldgelbe Safranreis, zu dem es oft *ossobucho* (Kalbshaxe) gibt. Als mailändisch gilt auch die *cotoletta alla milanese.* Die Diskussion darüber, ob das ›Wiener Schnitzel‹ eigentlich aus Mailand kam, ist endlos. Niemand allerdings macht Mailands Weihnachtskuchen, dem *panettone,* den Ruhm streitig.

Das Käseangebot ist groß und sehr verlockend. Der berühmte *gorgonzola* kommt aus dem gleichnamigen Ort östlich von Mailand, *grana* (ähnlich wie Parmesan) und *mascarpone* aus der Bassa, dem Flachland südlich von Mailand. *Taleggio* und viele andere köstliche Kuhmilchkäse stammen aus den Tälern im Norden. Dazu kommen Käsesorten aus ganz Italien, vom *pecorino,* einem Schafskäse, bis zur echten *mozzarella* aus der Milch der Wasserbüffel. Man hebe noch ein bisschen Hunger für die Nachspeisen auf, denn viele Restaurants überraschen mit erlesenen Köstlichkeiten.

Aperitivi

Der *Aperitivo* spielte in Mailand schon im 19. Jh. eine große Rolle. Nicht von ungefähr sind Campari, Zucca oder Branca mit seinem Fernet hier entstanden. Man traf sich am Dom, in der Galleria und im Corso Vittorio Emanuele und trank dabei einen Aperitif.

Weiter außerhalb wimmelte es von *osterie,* dort trank man Wein. Heute haben sich zwar die Orte geändert, aber nach den Bier-Jahren seit den 80ern trinkt man wieder Wein. Es gibt immer mehr Lokale mit interessanter Auswahl an Weinen und kleinen Gerichten:

Gattullo (F 7)

Piazzale di Porta Lodovica 2
Di–So 7–22 Uhr, Mo geschl.
Bus: 65, 79
Tram: 9, 15, 29, 30
Ein beliebter Treffpunkt für Gourmets. Neben der hervorragenden Konditorei gibt es gute Aperitifs mit salzigen Knuspereien. Mittags bekommt man köstliche *panini.*

Zucca in Galleria (F 5)

Piazza Duomo 21
Di–So 7.30–20.30 Uhr, Mo geschl.
Metro: M1 und M3 (Duomo)
Eine wahrhaft ›ambrosianische‹ (mailändische) Institution! 1867 erfand Davide Campari hier das berühmte Getränk. Die Jugendstilbar mit Mosaiken ist ein sehr beliebter Treffpunkt für einen Aperitif. Man kann auch an Tischen in der Galleria und im ersten Stock sitzen.

Enotheken

Cantine Isola (E 2)

Via Paolo Sarpi 30
Mo geschl.
Tram: 12, 14
Mitten in Chinatown liegt diese uritalienische *enoteca,* in der man sich zum Aperitif auf ein Glas Wein trifft. Einziger Minuspunkt: es gibt keine Sitzplätze. Trotzdem ist die Cantina immer voll. Preis je nach Wein ab 3,60 € das Glas.

La Cantina di Manuela (D 2)

Via Procaccini 41
Tel. 023 45 20 34
Mo–Sa 12–15, 18–1 Uhr
Via Poerio 3 (J 4)

Kulinarisches Lexikon

prima colazione	**Frühstück**
cornetto	Croissant
caffè/espresso	Espresso
cappuccino	Kaffee mit geschäumter Milch
burro	Butter
fette biscottate	Zwieback
latte	Milch
marmellata	Marmelade
miele	Honig
pane/panino	Brot/Brötchen
prosciutto	Schinken
succo	Saft
uovo	Ei
pranzo	**Mittagessen**
antipasto	**Vorspeise**
bresaola	Trockenfleisch aus dem Veltlin, ähnelt dem Bündner Fleisch
carpione, in	in Essigmarinade eingelegt
crostini	geröstete Brotscheiben mit Aufstrich
salumi	Aufschnitt
sottaceti	in Essig eingelegtes Gemüse
sottolio	in Öl eingelegtes Gemüse
primo	**Erster Gang** Pasta, Risotto oder Suppe
brodo	Brühe
gnocchi	aus Kartoffeln oder Gries und Mehl geformte Klößchen
fatto in casa	hausgemacht
minestrone	Gemüsesuppe
lasagne	überbackene Pasta mit Fleischragout und Béchamelsoße
pasta fresca	frische Eierteignudeln
pesto	Basilikumsoße zu pasta oder gnocchi
risotto	in Brühe ausgequollener Reis
piatto del Giorno	Tagesgericht
tagliatelle	Bandnudeln
secondo	**Hauptgericht** Hauptgang mit Fisch oder Fleisch und Beilage
pesce	**Fisch**
anguilla	Aal
branzino	Seebarsch
frutti di mare	Meeresfrüchte
pesce spada	Schwertfisch
sogliola	Seezunge
trota	Forelle
carne	**Fleisch**
agnello	Lamm
arrosto	Braten
bistecca ai ferri	Steak
bovino	Rind
brasato	Schmorbraten
cacciatora, alla	nach Jägerart
capretto	Zicklein
carpaccio	dünn geschnittenes rohes Rindfleisch mit Parmesanstückchen und oft auch Rucola
cassoela	Schweinefleisch mit Wirsing
carne di cavallo	Pferdefleisch
cinghiale	Wildschwein
coniglio	Kaninchen
cotoletta alla milanese	Wiener Schnitzel

fegato	Leber
forno, al	im Ofen gebacken
maiale	Schwein
pollo	Huhn
ossobuco	Kalbshaxenscheibe mit Markknochen
spezzatino	eine Art Gulasch mit Gemüse (Kartoffeln, Erbsen ...)
vitello	Kalb
vitello tonnato	kaltes Kalbfleisch mit Thunfisch-Mayonnaise
umido, in	geschmort

contorno	**Beilage**
verdura	Gemüse
asparagi	Spargel
funghi	Pilze
porcini	Steinpilze
insalata	Salat
melanzane	Auberginen
pomodori	Tomaten
zucchine	Zucchini

formaggio	**Käse**
carello dei formaggi	Käsewagen

frutta	**Obst**
fragole	Erdbeeren
frutti di bosco	Beeren
lamponi	Himbeeren
maccedonia	Obstsalat
mela	Apfel
nocciole	Haselnüsse
noci	Walnüsse
pera	Birne
pesca	Pfirsich
uva	Trauben

dolce	**Nachtisch**
gelato	Eis
semifreddo	Halbgefrorenes
torta	Torte, Kuchen

bevande	**Getränke**
acqua gassata	Mineralwasser mit Kohlensäure
acqua minerale	Mineralwasser
bicchiere	Glas
birra	Bier
bottiglia	Flasche
espresso corretto	Espresso mit Grappa
grappa	Tresterschnaps
limoncello	Zitronenlikör
vino	Wein

coperto	**Gedeck**
focaccia	Fladenbrot
aceto	Essig
olio	Öl
pepe	Pfeffer
sale	Salz
piatto	Teller

Mailands Märkte bieten eine reiche Auswahl an Früchten und Gemüse

Tel. 02 76 31 88 92
Mo–Sa 11–0.30 Uhr.
Via Raffaello Sanzio 16 (B 4)
Tel. 02 43 98 30 48
Mo–Sa 9–1 Uhr
Morgens Cafeteria mit guten Brioche und sonst eine große Auswahl an Weinen, dazu Salate, Wurst- und Käsespezialitäten. Inzwischen gibt es mehrere bewährte Filialen mit Küche.

Moscatelli (E 3)
Corso Garibaldi 93
Tel 02 65 54 602
So geschl.
Metro: M2 (Moscova)
In dieser alten Enothek beginnt die Happy Hour mit einer großen Auswahl an Weinen schon um 17 Uhr.

Pizzerien

In den meisten Pizzerien kann man auch etwas anderes als Pizza essen. Zu empfehlen sind die Vorspeisenbuffets und danach eine Pizza. Dazu trinken die Italiener Bier. Für eine Pizza und ein Bier zahlt man ca. 15 €.

La Cuccuma (östl. K 2)
Via Pacini 26
Tel. 022 66 49 45
tgl. 12–14.30, 19.30–1 Uhr
So mittags und Mo geschl.
Metro: M2 (Piola)
Bus 90, 91, 93
Echte neapolitanische Pizza auf Holztellern (günstig). Man sitzt zwischen Fischerbooten an kleinen Tischen und

Feinkostladen Armandola in der Via della Spiga

wird vom Wirt persönlich unterhalten. Ab 21 Uhr gibt es neapolitanische Live-Musik.

Premiata Pizzeria (D 7)
Alzaia Naviglio Grande 2
Tel. 02 89 40 06 48
tgl. 12.30–14.30, 19.30–23.30 Uhr
Tram: 29, 30
Im Sommer kann man im kühlen Hof sitzen, im Winter gewärmt innen auf alten Möbeln. Die *focaccia* mit Tomaten, Schinken und Rucola sollte man sich nicht entgehen lassen.

Le Specialità (J 5)
Via Calvi 31
Tel. 027 38 82 35
Di–Sa 12.30–14.30, 19.30–0.30 Uhr
Mo mittags geschl.
Tram: 9, 23, 29, 30; Bus: 54, 60, 61
Hier gibt es sicher die teuersten Pizzen, aber dafür auch eine der besten in Mailand. Der Teig ist hauchdünn, die *mozzarelle* ist aus echter Büffelmilch gemacht, die Tomaten duften nach Sardinien und das Lokal ist immer voll.

Spontini (J 2)
Via Spontini 4
Tel. 022 04 74 44
Di–So 12–14.30, 18–23.30 Uhr
Mo geschl.
Tram: 33, Bus: 56
Hier kann man zuschauen, wie die beste *pizza al trancio* in drei Variationen, normal, groß und farciert, zubereitet wird. Der Service ist fix, das Lokal spartanisch eingerichtet und laut, aber die Pizza ist köstlich.

Gut & günstig

Mittags bieten viele Restaurants ihre Menüs günstiger an. Es empfiehlt sich, immer zu reservieren. Italienisches Fast Food in den Selbstbedienungsrestaurants Brek, Ciao oder Spizzico findet man über die ganze Stadt verteilt.

Da Abele (nördl. K 1)
Via Temperanza 5
Tel. 022 61 38 55
Di–So 20–24 Uhr, Mo geschl.
Metro: M1 (Pasteur); Bus: 56
Hauptgericht ca. 30 €
Hier gibt es keine Pasta. Dafür finden Reisliebhaber *risotti* in allen Variationen. Als *secondo* gibt es Fleisch oder Fisch nach traditionellen Rezepten. Einfaches Ambiente, freundliche Bedienung.

Mittagspause für eilige Geschäftsleute

Lange Schlangen bilden sich immer vor der kleinen Bäckerei **Luini** (F 5), die berühmt ist für ihre heißen *panzerotti*, eine köstliche apulische Spezialität: mit Mozzarella und Tomaten gefüllte Teigtaschen für 2,30 €. Via Santa Radegonda 16, Di–Sa 10–20, Mo 10–15 Uhr, im Aug. geschl., Metro: M1 und M3 (Duomo).
Zum Lunch und zum Aperitif trifft man sich in der Fischhandlung **Da Claudio** (F 4). Es gibt immer großen Andrang an den Tresen, wo italienische Sushis zu einem Glas Weißwein serviert werden. Via Ponte Vetero 16, Sushi-Bar 11.30–14.30, 17–21 Uhr, So geschl., Metro: M2 Lanza, ca. 10/12 €.
Das **Obikà** (E 4) wirkt japanisch-minimalistisch, doch hier gibt es keine Sushis, sondern Mozzarella in allen Variationen. Via Mercato 28, Tel. 02 86 45 05 68, tgl. 12–24 Uhr, Mittagsmenü 11 €, Sa u. So Brunch 22 €.

Bottiglieria da Pino (G 5)

Via Cerva 14
Tel. 02 76 00 05 32
So geschl., nur mittags, ca. 15/18 €
So zentral und günstig wird man schwerlich etwas anderes finden. Dazu ist der Service in dieser Weinbar auch noch freundlich und die Qualität ist gut.

Ex Mauri (F 1)

Via Confalonieri 5
Tel. 02 60 85 60 28
Mo–Fr 12.30–15, 19.30–24 Uhr
So und Sa mittags geschl.
Metro: M2 (Garibaldi); Tram: 4, 11
Hauptgericht ca. 30 €
Venezianische Gerichte mit viel Fisch in freundlich geführtem Restaurant.

Grand'Italia (F 3)

Via Palermo 5
Tel. 02 87 77 59
tgl. 12–15, 19–1 Uhr
Metro: M2 (Moscova), Bus: 41, 94
Pizza al trancio ab 5 € (das Pizzastück vom Blech sieht anders aus und es schmeckt anders als die dünne, runde Pizza). Es gibt verschieden große Salate (7 €) und einige Gerichte: *primi* ab 5,50, *secondi* ab 9 €.

L'Incoronata (F 2)

Corso Garibaldi 127
Tel. 026 57 06 51
Mo–Sa 11.30–14.30, 19–1 Uhr
Metro: M2 (Moscova); Tram: 9
Mittags Salate 7, *primi* 7,50/9, *secondi* 9–15 €
Kleine Trattoria mit originellen Papierdekorationen und bunt gemischtem Menü. Es gibt z. B. vegetarisches *couscous* und *kofta,* aber auch *spaghetti alle vongole* oder Lamm, alles schön präsentiert und preisgünstig.

Noi Due (E 7)

Viale Col di Lana 1
Tel. 02 58 10 15 93
Fr und So mittags geschl.
Tram: 9, 29, 15
Gericht ca. 20 €
Gemütliches vegetarisches Biorestaurant in einer ehemaligen, noch gekachelten *Latteria* (Milchladen). Freundliche Bedienung.

Osteria Grand Hotel (E 8)

Via Cardinale Ascanio Sforza 75
Tel. 02 89 51 15 86
Di–So 19.30–22.30 Uhr
So auch mittags, Mo geschl.

Bus: 59, 90, 91, 95
Menü ca. 35 €
Das einfache Lokal mit seiner großen Theke bietet traditionelle italienische Küche und eine erstaunlich reiche Weinkarte. Im Sommer kann man draußen neben zwei Bocciabahnen sitzen.

Panino Giusto (F 2)

Corso Garibaldi 125
Tel. 026 55 47 28
Mo–Sa 12–15, 18.30–1 Uhr
So geschl.
Metro: M2 (Moscova); Bus: 41, 94
Große Auswahl an reich belegten *panini* (ab ca. 6 €). Man liest an dunklen Holztischen nationale und internationale Zeitungen. Über der Kasse das edel gerahmte Porträt des ›Earl of Sandwich‹.

Princi

www.princi.it
Wer hätte gedacht, dass eine Bäckerei trendy werden könnte? Princi bietet an mehreren Stellen in Mailand auch die Möglichkeit, das soeben Erstandene sogleich zu verzehren. In Largo La Foppa (F 2/3) gibt es auch Tische draußen.

Alla Vecchia Latteria di Via Unione (F 5)

Via dell'Unione 6
Tel. 02 87 44 01
Mo–Sa Küche 11–16 Uhr, So geschl.
Metro: M1 und M3 (Duomo)
Primi ca. 8/10, Menü ca. 20 €
Nur mittags gibt es hier an wenigen, einfachen, winzigen Tischen sehr gutes vegetarisches Essen. Es ist immer voll. Nette Atmosphäre.

La Topaia (D 7)

Via Argelati, 40
Tel. 028 37 34 69
Mo–Sa 20–24 Uhr, So geschl.
Metro: M2 (Porta Genova od. Romolo)
Bus: 90
Gericht ca. 35 €
Der Koch aus Ligurien bietet nach fantasievollen *antipasti* unter anderem *pesto* und Fisch. Zu später Stunde erklingt hier oft noch Gitarrenmusik.

Via L. Muratori

Die kleine Straße (H 7) hat sich in den letzten Jahren zu einer kulinarischen Meile mit vielen Restaurants, Weinlokalen und *Osterias* entwickelt:
Gleich am Anfang liegt die *Onothek* **Il Cavallante** (Nr. 3, Tel. 54 10 73 25).
Das winzige Lokal **La Cozzeria** serviert Miesmuscheln und erinnert an die belgischen ›*moules et frites*‹ (Nr. 6, Tel. 02 54 10 71 64, Di–So 18–24 Uhr, *cozze* 11–13 €). Immer gut besucht ist das **Giulio Pane e Ojo**. Hier bekommt man römische Küche mit Pasta in allen Variationen (Nr. 10, Tel. 025 45 61 89, Mo–Sa 12–15, 19.30–0.30 Uhr, ca. 28 €, Hauswein inkl.).
Mittelalterliche Gerichte der Toskana kann man im **Casa Tua** probieren (Via Corio 3, Ecke Via Muratori, Tel. 025 51 42 69, Mo geschl.). Die **Compagnia Generale dei Viaggiatori Naviganti e Sognatori** bietet japanische Küche in einer warmen Atmosphäre (Via Cuccagna 4, Ecke Via Muratori, Tel. 02 55 16 154, Mo geschl.).
Im **18/28** speist man zum Festpreis zwischen 18 und 28 € (Nr. 26, Sa Mittag geschl.).

Trattoria All'Antica (C 6)

Via Montevideo 4
Tel. 028 37 28 49

Sa mittags und So geschl.
Metro: M2 (Porta Genova); Tram: 14
Menü 30, *primi* 10, *secondi* 12/18 €
Eine der wenigen echten *trattorie meneghine* (mailändisch) mit viel Charme, *risotto alla milanese, cotoletta alla milanese,* Schweinshaxe, *cassoela* und vieles mehr.

Trattoria Bolognese Da Mauro (C 7)

Via Lombardini 14
Tel. 028 37 28 66
Tram: 2; Bus: 74
Mo geschl., Küche bis Mitternacht geöffnet, Gericht ca. 35 €
Seit über 40 Jahren wird diese Trattoria von derselben Familie geführt. Es gibt Gerichte aus der Emilia mit hausgemachter Pasta. An den Wänden hängen Fotos und Autogramme von Künstlern, die gerne in dieses einfache Lokal einkehren.

Trattoria Madonnina (E 7)

Via Gentiino 6
Tel. 028 94 09 89
Mo–Mi nur mittags,
Do–Sa auch abends, So geschl.
Tram: 3, 15
Gericht ca. 25/30 €
Innen isst man an einfachen Holztischen mit karierten Tischdecken, draußen unter einer Pergola neben einer Bocciabahn: das ist Mailand, wie es wohl einst war. Das Publikum populär und trendy. Einfache mailändische Küche, dazu eine kleine Auswahl an Weinen.

Mittlere Preisklasse

Alessandro (E 2)

Via Maroncelli 1
Tel. 02 65 92 880
Sa mittags geschl.
Metro: M2 (Porta Garibaldi)
Tram: 29/30; Bus: 94
Gericht ca. 40 €
Das kleine gemütliche Restaurant mit Boiserie und Gelbtönen bietet Mailändische Küche mit vielen Risottos, Fleisch- aber auch Fischgerichten und eine interessante Auswahl vor allem an Rotweinen. Danilo spricht fließend Deutsch.

Aurora (C 6)

Via Savona 23
Tel. 02 89 40 49 78
Di–So 12–14.30, 19.30–23 Uhr
Mo geschl.
Metro: M2 (S. Agostino, P.ta Genova)
Tram: 14; Bus: 90, 91
Gericht ca. 45, Di–Fr mittags ca. 15 €
Große Auswahl an piemontesischen Gerichten. Im Sommer kann man draußen sitzen.

La Brisa (E 5)

Via Brisa 15
Tel. 02 86 45 05 21
tgl. 12.45–14.30, 19.45–22.30 Uhr
Sa und So mittags geschl.
Tram: 24, 19; Bus: 50, 54
Gericht ca. 45 €
Im Herzen des römischen Mailands serviert man hier vor allem im Winter meist lombardische Küche. Im Sommer speist man im schattigen Innenhof, sonst in großen Räumen.

Fiorario Bianchi Caffè (F 3)

Via Montebello 7
Tel. 02 29 01 43 90
Mo–Sa 8–24 Uhr, So geschl.
Metro: M2 (Moscova); Bus: 94
Mittagsgerichte ca. 25, abends ca. 60 €
Die Mailänder kannten Bianchi für seine schönen Blumen. Die gibt es immer noch, man kann sie auch noch kaufen. Doch nun kommt man vor allem, um sich an kleinen, gemütlichen Tischchen

In Mailands Delikatessenläden gibt es unzählige Köstlichkeiten

zwischen schönen Sträußen mit betörendem Duft zu treffen und zu speisen.

La Latteria (F 3)
Via San Marco 24
Tel. 026 59 76 53
Mo–Fr 12.15–14.30, 19.30–21.30 Uhr
Sa/So und Feiertage geschl.
Bus: 94, 41
Komplettes Menü ca. 30/40 €
Wenige einfache Tische, die man leider nicht reservieren kann. Hervorragende Küche: z. B. gefüllte Kürbisblüten oder Dinkelsuppe und selbst gebackene Kuchen. Es lohnt sich also, auf einen freien Tisch zu warten. Beliebt bei Journalisten und Fernsehleuten.

Da Leo (A 5)
Via Trivulzio 26
Tel. 02 40 07 14 45
So abends und Mo geschl.
Metro: M1 (De Angeli, Gambara)
Gericht ca. 40/50 €, gute Weinauswahl
Hierher kommt man nur, weil der Fisch so gut schmeckt. Die Einrichtung ist die einer einfachen Trattoria, die Bilder an der Wand sind kitschig und man wird eher forsch bedient. Doch wer Fisch mag, kommt wieder zu dieser Familie aus Apulien.

La Libera (F 3)
Via Palermo 21
Tel. 02 80 53 603
tgl. 19.30–0.30 Uhr
Metro: M2 (Moscova); Bus: 94
Gericht 35/40 €
Vielseitiges, zu später Stunde belebtes, gemütliches altes Restaurant mit Gerichten aus ganz Italien. Sehr geschätzt wird hier die *Cotoletta alla milanese*. Man kann aber auch nur Pizza essen.

Oste del Teatro (F 1)
Via Pastrengo, 16
Tel. 02 69 01 02 93
Sa mittags und So geschl.
Metro: M2 (Garibaldi)
Mittagsmenü 11, abends ca. 30 €

Neben dem kleinen, interessanten Teatro Verdi befindet sich die gemütliche Osteria mit ständig wechselndem Menü. Großer Wert wird hier auf Qualität und Frische gelegt.

Osteria dei Binari (D 7)

Via Tortona 1
Tel. 02 89 40 94 28, 02 89 40 67 53
Mo–Sa 19.30–23 Uhr, So geschl.
Metro: M2 (Porta Genova)
Menü ohne Getränke ca. 40 €
Das Verlockendste ist hier im Sommer der schöne Garten und die Bocciabahn. Sonst speist man in gemütlich eingerichteten Innenräumen typische lombardisch-piemontesische Gerichte. Sehr beliebt bei Geschäftsleuten. Im **Café del Binari** (Tel. 02 83 95 09) nebenan kann man auch gut lunchen.

Osteria del Treno (H 2)

Via San Gregorio 46
Tel. 026 70 04 79
www.osteriadeltreno.it
Mo–Fr 12.30–14.30, 20.30–22.30 Uhr
Sa, So mittags geschl.
Metro: M1 (Porta Venezia/Lima)
und M3 (Repubblica)
Mittags Self-Service ca. 15,
abends ca. 38 €
Aus einem Eisenbahnerclub ist ein raffiniertes Restaurant geworden. Sehr gute Käseauswahl, frische Pasta, dazu Köstlichkeiten wie mit Artischocken gefülltes Perlhuhn und exquisite Weine. Das Lokal ist immer rappelvoll.

Rigolo (F 3)

Largo Treves 1,
Tel. 02 86 46 32 20
Di–So 12–14.30, 19.30–23 Uhr
Bus: 41, 94
Gericht ca. 45 €
Eine klassische Trattoria mit großen Räumen und freundlicher Bedienung. Unter der Woche treffen sich hier häufig Journalisten vom nahen ›Corriere della Sera‹, am Wochenende kommen gutbürgerliche Familien. Gute Fischgerichte unter vor allem toskanischen Speisen.

Al Sodo (K 2)

Via Paisiello 22
Tel. 02 70 63 04 00
Mo–Sa 19.30–23.30 Uhr
Metro: M1/M2 (Loreto) und M2 (Piola)
Menü ca. 35 €
Mitten im Verkehrschaos findet man hier Muße. Menü je nach Jahreszeit mit lombardischen Gerichten wie z. B. *risotti, gnocchi* aus Kastanienmehl und *polenta*.

Strippoli (H 3)

Via Tadino 5, Tel. 02 29 52 25 74
Mo–Sa 12.30–15, 19.30–23.30 Uhr
Metro: M1 (Porta Venezia)
Menü 35/40, *à la carte primi* ca. 10 €
In diesem typisch apulischen Restaurant gibt es täglich ein großes, reichhaltiges Buffet mit viel frischem Gemüse und *mozarella*. Sehr zu empfehlen ist auch das gegrillte Fleisch. Die Wände sind mit den Fotos der VIPs aus der Fernsehwelt samt Hausherrn tapeziert. Dieser sitzt oft an einem für seine Familie reservierten Tisch und speist.

Trattoria Milanese (E 5)

Via Santa Marta 11
Tel. 02 86 45 19 91
Mo–Fr 12–14.45, 19–22.45 Uhr
Mitte Juli, Aug., Weihnachten geschl.
Metro: M1 (Duomo, Cordusio)
und M3 (Duomo); Tram: 14
Primi 9/10, *Secondi* 12/18 €
Die alte Mailänder Trattoria führte schon der Großvater von Wirt Giuseppe. Sie hat nicht nur den Charme, sondern auch die Qualität der typischen Mailänder Gerichte von einst bewahrt.

Trattoria del Nuovo Macello (östl. K 6)
Via Cesare Lombroso 20
Tel. 02 59 90 21 22
Sa Mittag und So geschl.
Bus: 66
Gericht ca. 35 €
In häuslicher Atmosphäre werden kreative Gerichte serviert, ein bisschen Nouvelle Cuisine. Guter Service.

Die Klassiker

Bagutta (G 4)
Via Bagutta 14
Tel. 02 76 00 27 67,
02 76 00 09 02
Mo–Sa 12–14.30,
19.30–22.30 Uhr
So geschl.
Metro: M1 (San Babila)
Gerichte ab 50 €
Das ehemalige Künstler- und Intellektuellenlokal ist mittags ein beliebter Treffpunkt für Geschäftsleute. Großes Vorspeisenbuffet. Fresken, Bilder und Karikaturen erzählen die Geschichte des Lokals, in dem jedes Jahr der angesehene Literaturpreis ›Bagutta‹ verliehen wird. Im Sommer speist man im schattigen Innenhof.

Boeucc (G 4)
Piazza Belgioioso 2
Tel. 02 76 02 02 24
tgl. 12.40–14.30,
19.40–22.30 Uhr
Sa und So mittags geschl.
Metro: M1 (Duomo) und
M3 (Monte Napoleone)
Hauptgericht ca. 55 €
1939 zog das vornehme Restaurant mit 300-jähriger Geschichte in den ehemaligen Pferdestall des Palazzo Belgioioso an gleichnamigem Platz, der zudem einer der schönsten Plätze Mailands ist. In den eleganten Räumen wird traditionelle italienische Küche und eine gute Auswahl an Fischgerichten geboten.

Mailänder Desserts: da fällt es schwer zu widerstehen

Joia (H 3)
Via Castaldi 18
Tel. 02 29 52 21 24
Mo–Sa 12–14.30, 19.30–23 Uhr
Sa mittags und So geschl.
Metro: M3 (Repubblica)
Menüs 60/70/100, *à la carte* ca. 80 €
Im besten vegetarischen Restaurant Mailands werden zur *haute cuisine* auch Fisch sowie herzhafte und süße Kuchen aufs Schönste präsentiert. Gute Weinkarte.

Ristorante Alice (H 7)
Via Adige 9
Tel. 025 46 29 30
Metro: M3 (Porta Romana), Bus: 77
So geschl.
Gericht ca. 60 €
Wer Fisch mag und Wert auf gutes Essen legt, wird Freude an der fantasievollen, raffinierten Küche dieses von drei Frauen geführten Restaurants haben.

Torre di Pisa (F 3/4)
Via Fiori Chiari 21
Tel. 02 87 48 77, 02 80 44 83
Mo–Sa 12–14.30, 19.30–23 Uhr
Sa mittags und So geschl.
Metro: M2 (Lanza); Tram: 4, 8, 12
Gericht ca. 35/40 €
Stammgäste, aber auch neue Gäste aus der Modewelt lieben die Atmosphäre dieses alten Lokals mit vier kleinen, immer vollen Räumen. Die Küche ist gut, die Pasta selbstverständlich hausgemacht. Besonders die *tagliata* ist zu empfehlen, ein dünn geschnittenes Filetfleisch, das kurz im Ofen erhitzt und mit Rucola oder Parmesan serviert wird.

Die Spitzenreiter

Aimo e Nadia (westl. A 6)
Via Montecuccoli 6
Tel. 02 41 68 86
Mo–Sa 12.30–14, 20–22.30 Uhr

In der schönen Jahreszeit sitzt man gerne draußen

Sa mittags und So geschl.
Metro: M1 (Primaticcio); Bus: 64, 63
Lunchmenü 39, 5-gängiges Menü *degustazione* 85/110, *à la carte* ca. 110 €
Aimo und seine Frau Nadia haben sich in allen Gourmetführern einen der obersten Plätze erobert, weil das Gleichgewicht zwischen traditioneller und origineller Küche perfekt und ihr Sommelier sehr kompetent ist.

Cracco (F 5)

Via Hugo 4
Tel. 02 87 67 74
Sa und Mo mittags, So geschl.
Metro: M1 (Cordusio)
Carlo Cracco, einer der italienischen Spitzenköche, verwöhnt hier seine Gäste mit erlesenen Speisen.

Sadler (südl. E 7)

Via Ascanio Sforza 77
Tel. 02 58 10 44 51
Mo–Sa 19.30–23 Uhr
Reservierung empfohlen.
Hochelegantes Restaurant, hervorragendes Essen, exzellente Weinkarte. Claudio Sadler verbindet traditionelle italienische Gerichte mit Fantasie. Von einem der Räume genießt man durch ein großes Fenster den Blick in die Schauküche.

Aus aller Welt

In der und um die Via Panfilo Castaldi (Corso Buenos Aires, H 3) hat sich eine Vielzahl von guten, meist asiatischen und afrikanischen Restaurants sowie Lebensmittelgeschäften angesiedelt.

Finger's (H 7)

Via Gerolamo Emiliani 2
Tel. 02 54 12 26 75
Metro: M3 (Lodi)
Kreative Fusion-Küche, von Japan über Südamerika nach Europa, denn der Inhaber ist halb Brasilianer und halb Japaner. Zwischen Bildern junger Künstler werden neben Sushis auch Carpacci und Gaspacci, Finger Food und Fleischgerichte geboten. Ab 20 Uhr trifft man sich hier auch zu extravaganten Cocktails mit Sake.

Fuji (E 2)

Viale Montello 9
Tel. 026 55 25 17
Mo–Sa 19.30–22.30 Uhr, So geschl.
Tram: 3, 4; Bus: 94
ca. 60 €
Man muss schon rechtzeitig vorbestellen, um in dem kühl-eleganten, mit japanischer Freundlichkeit geführten Lokal die hervorragenden Spezialitäten genießen zu können. Kernstück: das Sushi-Buffet.

Kilimangiaro (H 3)

Via Felice Casati 7/9
Tel. 022 04 96 17
12.30–15, 19.30–23 Uhr
Mo mittags geschl.
Metro: M1 (Porta Venezia)
Gericht ca. 15 €
Im kleinen eritreischen Restaurant bedient der freundliche Abraham die Gäste, während seine Frau in der Küche *zighini* und andere Köstlichkeiten zubereitet.

Lon Fon (H 2)

Via Lazzaretto 10
Tel. 02 29 40 51 53
tgl. 12–15, 19–23 Uhr
Metro: M1 (Porta Venezia)
Gerichte ca. 30 €
Die ganze Familie arbeitet am guten Gelingen dieses chinesischen Restaurants mit.

In der Bar Marchesi kann man auch köstliche Mitbringsel erstehen

Mido (E 7)

Via P. Custodi 4
Tel. 028 37 52 49
Mo–Sa 12–14.30, 19.30–23.30 Uhr
Fr mittags geschl.
Tram: 9, 15, 29, 30
Menüs 19/23/25, sonst ca. 15–20 €

Nassar Raafat, früher Koch in einem renommierten Restaurant, hat vor 26 Jahren das erste arabische Restaurant in Mailand eröffnet. Er und seine Frau bereiten jeden Tag Couscous und viele andere Köstlichkeiten frisch zu. Lassen Sie sich von ihnen beraten und probieren Sie auch den Digestif Ghirfa.

Shambala (südl. G 8)

Via Ripamonti 337
Tel. 025 52 01 94
Nur abends 20–2 Uhr, So geschl.
Tram: 24
Gericht ca. 55 €

Groß, schön und orientalisch! Im Sommer sitzt man auch draußen, im Winter an niedrigen Tischen drinnen. Die Gerichte sind vietnamesisch, thailändisch und japanisch. Die Atmosphäre entspannt und gemütlich.

Sri Lanka (südl. G 8)

Via A. Pasinetti 8
Tel. 02 57 40 19 49
Mi–Mo 12–15, 19.30–23.30 Uhr
Di geschl.
Tram: 24
Gericht 14 €

In diesem ungewöhnlichen, exotischen Self-Service finden sich viele Jugendliche ein, denn hier kann man für einen geringen Preis so viel essen, wie man will. Laut und lustig geht es zu, Curry ist das Hauptgewürz.

Bars & Cafés

Der Sonntagsbrunch, der mehr *lunch* als *breakfast* ist, ist in den letzten Jahren in Mailand Mode geworden. Verschiedenste Lokale wetteifern um Gäste.

Café Trussardi (F 4)

Piazza della Scala 5
Tel. 02 80 68 88 295
Mo–Sa 7.30–23 Uhr
Metro: M1 u. M3 (Duomo), Tram: 1, 2
Neu ist der unexpected Garden hinter einer Kristallwand. Im ersten Stock ist das renommierte Restaurant **Trussardi alla Scala,** Tel. 02 80 68 82 01 mit feinster internationaler Küche untergebracht.

Cova (G 4)

Via Monte Napoleone 8
Mo–Sa 7.45–20 Uhr, So geschl.
Metro: M1 (San Babila) und M3 (Monte Napoleone), Tram: 1, 2
Für die feinen alten Mailänderinnen ist eine Pause im historischen Caffè Cova ein Ritual. Köstliche, teure Kuchen und Gebäck. Wo einst Cairoli, Mazzini und Garibaldi ihren Kaffee genossen haben, treffen sich heute die ›Großshopper‹.

Marchesi (E 5)

Via S. M. alla Porta 11a
Di–So 8–20 Uhr
So nachmittags und Mo geschl.
Metro: M1 (Cordusio); Tram: 19, 24, 27
Dekor im Stil des 19. Jh., Wiener Atmosphäre, hervorragende Konditorei und eine fantastische Auswahl an Pralinen.

Sant'Ambroeus (G 4)

Corso Matteotti 7
Di–So 8–20 Uhr, Mo geschl.
Metro: M1 (San Babila), Bus: 61
Sehr elegantes Café. Es bietet Kuchen und Pralinen in allen Variationen sowie den Weihnachts-Panettone auf hochelegant gestylt.

Sissi (J 4)

Piazza Risorgimento 6
Mo nachmittags und Di geschl.
Bus: 54, 61
Hier gibt es einen der besten *capuccini* der Stadt sowie erlesene Kuchen und Gebäck.

Cafés für Fashionvictims

Einige der Modezaren bieten ihren Kunden nun auch Cafés: Armani in der Via Manzoni, Just Cavalli in der Via Spiga, Gucci in der Galleria Vittorio Emanuele.

Gelaterie (Eisdielen)

Natürlich gibt es fast an jeder Straßenecke eine Eisdiele, daher sind hier nur drei der besten aufgeführt.

Chocolat (D 4)

Via Boccaccio 9
Metro: M1 (Cadorna); Tram: 1
Wenn es kalt ist, ist die Schokolade heiß, im Sommer wird sie zu Eis in vielen Variationen, z. B. mit Rum oder Peperoncino. Es gibt auch Kuchen und Kekse, natürlich mit Schokolade.

Grom (C 4)

Via Alberto da Giussano 1
Mo–So 12–23 Uhr
Metro: M1 (Conciliazione)
Erlesenes Eis aus ausgewählten Ingredienzien: Fruchteis nur aus Frischobst, Cremes aus frischer Milch und Bioeiern, Schokolade aus besonderem Kakao.

Il Massimo del Gelato (C 1)

Via Castelvetro 18
Mo geschl.
Tram: 1, 19
Bus: 94
Exquisites, ausgefallenes Eis, z. B. Ingwer und Zimt oder Schokolade mit Rum oder Peperoncino.

Einkaufen

Wer die Wahl hat, hat die Qual …

Für Mode- und Designliebhaber ist Mailand ein Eldorado. Die wichtigsten ›Schaufenster der Kreativität‹ *Made in Italy* sind natürlich die Messen: Mode im März und Oktober, Möbel beim *Salone del Mobile* im April. Alles, was in der Modewelt Rang und Namen hat, stellt im ›Goldenen Karree‹ aus (Extra-Tour 1, s. S. 108). Weniger hochnäsig geht es in der nahegelegenen Einkaufsstraße Corso Vittorio Emanuele II zu, der Fußgängerzone direkt hinter dem Dom. Man beachte die Piazza Liberty mit einer sehenswerten ›aufgesetzten‹ Jugendstilfassade. Die Galleria, die den Domplatz mit der Piazza della Scala verbindet, ist nicht nur der Salon Mailands mit seinen Cafés und dem berühmten ›Camparino‹ (jetzt: ›Zucca in Galleria‹), sondern auch eine Einkaufspassage mit schönen Boutiquen, Buchhandlungen und dem legendären Hutladen ›Borsalino‹. Leider sind hier in den letzten Jahren auch Fast Foods eingezogen.

Mailand ist sehr teuer. Deshalb empfiehlt sich der Ausverkauf ab Anfang Januar und Anfang Juli. Bei den ›*blocchisti*‹ in den Straßen um den Corso Buenos Aires kann man Modelle aus der vorherigen Saison zu akzeptablen Preisen erstehen. Neben den teuren Modegeschäften (Extra-Tour 1, s. S. 108) gibt es in Mailand auch viele Läden, in denen man etwas weniger exklusive Mode erstehen kann. Dabei hat jedes Viertel seinen eigenen Charakter. So geht es im Brera-Viertel, auf dem Corso Garibaldi und dem Corso Como mehr künstlerisch-kreativ zu, während die Geschäfte in Domnähe eher Traditionelles präsentieren. Die Via Torino bietet vor allem Mode für ein sehr junges Publikum. Auf dem Corso di Porta Ticinese herrscht ein extravagant-alternativer Stil. Auf dem Corso Genova befinden sich Boutiquen mit eleganter Kleidung. Die Geschäfte des Corso Magenta sind anglophil ausgerichtet. Der Corso Vercelli bietet alles: von Gastronomie bis Mode mit einigen sehr exklusiven Geschäften mit klassischer Mode, wie ›Gemelli‹ oder ›Bardelli‹. Wie in Mittelalter reorganisieren sich manche Einkaufsstraßen nach Themen. So findet man zum Beispiel viel Möbel und Design in der Via Durini und Umgebung, Lampen zwei Straßen weiter im Corso Monforte und Herrenmode in der Via Verri im ›Goldenen Karree‹.

Die Porta Venezia, das ehemalige Oststadttor, ist auch heute noch ein Tor, und zwar eine Grenze zwischen verschiedenen Welten: dem strengen, eleganten, neoklassischem Corso Venezia und dem lauten, bunten Corso Buenos Aires (Metro M1: Loreto, Lima, Porta Venezia), der längsten Einkaufsstraße

Mailands mit über 350 Geschäften mit allem nur Erdenklichen. Die Straße mündet im Piazzale Loreto, wo 1945 die Leichen von Mussolini und Claretta Petacci dem Volk gezeigt wurden. Es ist auch das Tor zu einem multiethnischen Mailand, denn in den Straßen um den Corso Buenos Aires liegen die meisten afrikanischen und indischen Lokale sowie Geschäfte.

Eine neue Tendenz sind Temporary Shops, Läden, die nur kurze Zeit existieren, etwa zu Weihnachten oder während der Möbelmesse.

Antiquitäten, Kunst & Kitsch

Es gibt in Mailand verschiedene Antiquitätenmessen. ›The Milano International Antiques Show‹ findet im April im Palazzo della Permanente statt. Die alten, traditionellen Antiquare sitzen fast alle im ›Goldenen Karree‹. Aber es gibt sehr viele Geschäfte auf die ganze Stadt verteilt: besonders viele sind in den Straßen zwischen Via Torino und Corso Magenta sowie in der Via San Giovanni sul Muro. Der erste Abschnitt der Via Pisacane ist eine ›Antiquitätenstraße‹ mit einem bunten ›Mischmasch‹ an Antiquitätengeschäften. Die Via Maroncelli bietet verschiedene Läden mit Möbeln und Objekten des 20. Jh. In der Ticinese-Navigli-Gegend befinden sich eher Trödelläden.

Esempi del Novecenteo (E 4)

Via Giovanni sul Muro 4
Metro: M1 (Cairoli)
Art-Nouveau- und Designobjekte. Einer der Inhaber spricht Deutsch.

Carlo Orsi (G 4)

Via Bagutta 14, im Innenhof
Tel. 02 76 00 22 14, 02 76 00 40 19
Metro: M1 (San Babila); Bus: 61
Gemälde, Bronze- und Bergkristallskulpturen, alles Objekte aus dem 15.–18. Jh.

Spazio 900 (E 3)

Corso Garibaldi 42
So, Mo geschl.
Metro: M2 (Moscova/Lanza)

Mailands Geschäfte sind ein Eldorado für den modebewussten Mann

Großes Angebot an Modernariat und Design: Möbel, Lampen und Einrichtungsgegenstände von den 1950er bis zu den 1980er-Jahren.

Bücher

In der Galleria Vittorio Emanuele II gibt es eine große Auswahl an Büchern, auch deutschsprachige und internationale Zeitschriften und Zeitungen (Libreria Rizzoli).

Arte e Libri (E 5)
Via Santa Maria Fulcorina 20
Tel. 02 80 58 23 56
Metro: M1 (Cordusio)
Kunst und Bücher: Neoklassische Malerei, Skulpturen und antike Bücher.

Azalai (E 6)
Via G. G. Mora 15
Tram: 3; Bus: 94
Spezialisiert auf Reisen und Kultur mit Schwerpunkt Asien, Afrika, Lateinamerika, Pazifik.

Delle Donne (J 5)
Via Pietro Calvi 29
Tram: 9, 29, 30

Mercato di Viale Papiniano

Auf dem Mercato di Viale Papiniano (D 6; Sa ganztägig, Di vormittags, Metro: M2 Piazza Sant'Agostino) findet man Lebensmittel und vor allem Kleidung. An einigen Ständen mit Moderesten kann man mit Glück und Scharfsinn so manch ein Schnäppchen machen. Samstags ist der Markt allerdings sehr voll.

Literatur von Frauen. Die Buchhandlung informiert auch immer aktuell über alles, was Frauen bewegt und interessiert.

Hoepli (G 4)
Via Hoepli 5
Metro: M1 und M3 (Duomo)
Das breite Sortiment dieser großen Buchhandlung umfasst auch deutschsprachige Literatur.

Milano Libri (F 4)
Via Verdi 2
Tram: 1, 2
Diese Buchhandlung führt auch ein großes, auf Kunst, Mode und Design spezialisiertes Sortiment in verschiedenen Sprachen.

Floh- & Straßenmärkte

Märkte spielen eine wichtige soziale Rolle in Mailand. Jedes Stadtviertel hat seinen eigenen Wochenmarkt. In den städtischen Lebensmittel-Markthallen kann man zu kontrollierten Preisen frische Ware kaufen.

Mercatino di Brera (F 3/4)
Zwischen Via Fiori Chiari, Piazza Formentini und Via Madonnina
Jeden 3. Sa im Monat
Metro: M2 (Lanza)
Tram: 9, 29, 30
Antiquitätenmarkt.

Mercato Filatelico Numismatico (F 5)
Piazza Armorari
So vormittags
Metro: M1 (Cordusio)
Der Briefmarken- und Münzenmarkt findet neben der Hauptpost Mailands statt.

Mercatone del Naviglio (C/D 7)

Alzaia Naviglio Grande
Jeden letzten So im Monat
Metro: M2 (Porta Genova)
Tram: 9, 29, 30
Großer Antiquitäten- und Trödelmarkt. Im Juli und im August findet der Markt nicht statt.

Mercato Piazza Wagner (B 4)

Di–Sa 8.30–13, 16–19.30,
Mo 8.30–13 Uhr
Metro: M1 (Piazza Wagner)
Diese Markthalle bietet wirklich alles, was der Gaumen begehrt.

Vecchi libri in Piazza (F 5)

Piazza Diaz
Sept.–Juni jeden 2. So im Monat
Metro: M1 und M3 (Duomo)
Die Börse alter und seltener Bücher ist die größte Initiative dieser Art in Europa.

Via Fauché (C 1)

Di vormittags, Sa bis 17 Uhr
Tram: 14
Auf diesem Markt findet man oft interessante Restposten von Mailänder Modeschöpfern.

Via Benedetto Marcello (H/J 2)

Nahe Hauptbahnhof
Di vormittags
Metro: M1 (Lima); Tram: 33; Bus: 60
Lebensmittel und Kleidung. Ein Besuch lohnt sich wegen der interessanten Stände, z. B. mit Schuhen.

Galerien

Mailand ist seit dem Ausbruch der ›Opening-Mode‹ (Vernissage) wieder der Motor des italienischen Kunstmarkts. Viele junge Künstler verschiedenster Richtungen stellen aus, und jede Galerie ist einen Besuch wert. Wie eng die Kunstmode mit der Mode verbunden ist, sieht man an der **Fondazione Prada** mit ihren interessanten Ausstellungen zeitgenössischer Kunst (Via Sparttaco 8, Tel. 02 54 67 05 15) und an der **Fondazione Trussardi,** die besondere Orte in der Stadt für Ausstellungen oder Installationen nutzt, z. B. das Aquarium oder die Sala Reale des Hauptbahnhofs. Es fällt schwer, aus den fast 200 Galerien eine repräsentative Auswahl zu treffen.

Vernissagen

Manche Galerien, die nah beieinander liegen, koordinieren oft Vernissagen, sodass man von einer zur anderen gehen kann: In und um die **Via Ventura** (östl. K 1), Metro M2 (Lambiate), dann Bus 54: Massimo De Carlo, Zero, Pianissimo (Via Ventura 5), Francesca Minnini, Manuela Klerx (Via Massimiano 25). In der Nähe von **Porta Venezia** (J 2/3), Metro M1 (Porta Venezia): Studio Guenzani in der Via Eustachi 10, Raffaella Cortese in der Via Stradella 7, Canaviello in der Via Stoppani 15, und Giò Marconi in der Via Tadino 15.

Galleria Cardi (F 3)

Corso di Porta Nuova 38
Tel. 02 62 69 09 45
www.galleriacardi.com
Di–Sa 10.30–13.30, 15.30–19.30 Uhr, Mo nur nachmittags
Metro: M3 (Turati); Bus: 94
Zeitgenössische europäische und amerikanische Kunst.

Giò Marconi (H 3)
Via Tadino 15
Tel. 02 29 40 43 73
Mo und Fei geschl.
Metro: M1 (Porta Venezia);
Tram: 1, 5, 11
Diese Galerie in einem alten Innenhof ist inzwischen eine Institution. Man findet sowohl das Neueste der zeitgenössischen Kunst, als auch Werke von inzwischen berühmt gewordenen Künstlern ab den 1960er-Jahren.

Geschenkartikel

Controbuffet (F 3)
Via Solferino 14
Metro: M2 (Moscova)
In diesem kleinen Geschäft voller Ideen findet man höchst originelle Objekte aus aller Welt, Lampen und Schmuck.

Gipponi (E/F 3)
Piazza S. Simpliciano
Metro: M2 (Lanza)
Bei Gipponi findet man alles, was man braucht, um ein Geschenk schön zu verpacken.

High Tech (F 2)
Piazza XXV Aprile 12
Tram: 11, 29, 30, 33
Beliebter Loft mit Designerware für Küche und Büro, Wohnzimmer und Bad. Geschenkartikel in allen Preislagen.

Lorenzi (G 4)
Via Monte Napoleone 9
Metro: M1 (San Babila)
Riesenauswahl an schicken, teuren Sammlergegenständen, vom Austernöffner und Trüffelhobel über Messer mit handgeschnitzten Griffen bis zu ausgefallenen Toilettenaccessoires für den Herrn.

Moroni Gomma
Corso Mateotti 14
Metro: M1 (San Babila)
Seit 1919 ist dieses Geschäft auf Gummi spezialisiert. Hier gibt es originelle Gegenstände fürs Haus.

Salvatore & Marie (D 7)
Via Vigevano 33
Tram: 9, 29, 30
Originelle Designermöbel, Kleidung und Objekte aus der Eigenproduktion des Italieners Salvatore und der Irin Marie.

Savinelli (F 5)
Via Orefici 2
Metro: M1 und M3 (Duomo)
Auch der alte Staatschef Sandro Pertini kam jedesmal, wenn er in Mailand weilte, in diesen ›Tempel der Pfeifen‹. In dem kleinen Geschäft findet man Tabakpfeifen aller Art, von der Miniatur bis zu einer riesigen Pfeife aus Kürbis sowie Spezialfeuerzeuge und ein reiches Sortiment an Tabaksorten. Die richtige Adresse für Liebhaber!

Torriani (E 4)
Via Mercato 5
Metro: M2 (Lanza); Tram: 3, 4, 12
Masken, Kostüme, Accessoires, Scherzartikel. Hier ist das ganze Jahr Karneval.

Kaufhäuser

Die Kaufhäuser der Kette ›Upim‹ wie auch das elegantere, vor allem auf Kleidung spezialisierte ›Coin‹ verfügen über Filialen in der ganzen Stadt (z. B. Piazza Cinque Giornate 1/a, mit beliebtem Restaurant im obersten Stock).

La Rinascente (F 5)
Piazza del Duomo 1
www.rinascente.it

Mo–Sa 9.30–22, So 10–21 Uhr
Metro: M1 und M2 (Duomo)
Im elegantesten Kaufhaus Mailands direkt neben dem Dom gibt es auf sieben Etagen vor allem Mode sowie Haushalts- und Einrichtungsgegenstände u. a. von Alessi. Im obersten Stock gibt es Delikatessen und diverse Bars und Restaurants. Dort kann man auf der Terrasse oder unter einer Glaskuppel mit fabelhaftem Blick auf die Statuen und Türmchen des Doms etwas trinken oder speisen (tgl. 10–24 Uhr).

Lebensmittel etc.

Nicht weit vom Dom, zwischen Via Spadari, Via Cantù und Via Hugo liegt das Delikatessen-Viertel. Neben Peck und Garbagnati (s. u.) sind hier **Galli** – berühmt für seine Pralinen und *marron glacés* – ein Fischgeschäft sowie das Restaurant Cracco angesiedelt.

Wer nachts einkaufen möchte findet im **Supercentrale** im Gebäude des Hauptbahnhofs fast alles Lebensnotwendige; tgl. von 7.30–24 Uhr.

Salumerie oder *Gastronomia* heißen in Italien die Geschäfte, in denen man Aufschnitt und Käse, Konserven aller Art, Wein und auch frisch zubereitete Gerichte erstehen kann. Besonders bekannt sind in Mailand die Feinkostläden **Il Salumaio,** Via Monte Napoleone 12 und **Leoni,** Corso Venezia 7, aber es gibt im Stadtgebiet verteilt auch andere hervorragende, nicht ganz so teure Läden.

Enoteche (Weinlokale) sind wieder im Kommen. Hier kann man Weine kau-

Verlockungen lauern überall

Beim Barbier

Pinsel, Schaum und warme Tücher begeistern heute auch junge Männer wieder. Drei ausgewählte Adressen:
In die mit Fotos berühmter Persönlichkeiten des 20. Jh. geschmückte **Antica Barbieria Colla** (Via Morone 3) gehen nicht nur feine Herren, sondern auch Literaturkenner, die wissen, dass der Hausherr, Signor Bompieri sechs Romane veröffentlicht hat.
Den schönsten Ausblick bietet **Orazio,** der ›Barbiere delle Colonne‹ (Corso di Porta Ticinese 26, Tel. 028 36 10 44), der seinen Kunden alles über die römischen Säulen vor San Lorenzo vor seinen Fenstern erzählen kann.
Am feinsten ist es bei **Dolce e Gabbana** (Corso di Porta Venezia 15). Hier kann man sich nach dem Einkauf wie einst rasieren lassen und danach in der eleganten **Bar Martini** einen Long Drink schlürfen.

fen, oder sich zu einem Aperitif treffen. Die Suche nach dem besondern Wein ist eine Form von Opposition gegen die Geschmacksstandardisierung.

Il Cucchiaio di Legno (F 4)

Via Ponre Vetero 13
Metro: M2 (Lanza)
Tram: 3, 4, 12
In der Via Ponte Vetero häufen sich Restaurants und Gastronomiegeschäfte. Im eleganten Cucchiaio di Legno gibt es neben Wein und Delikatessen alles für die Küche und den eleganten Tisch. Mittags sind Lunchboxen im Angebot, die man auch an Ort und Stelle verzehren kann.

Enoteca Cotti (F 3)

Via Solferino 42
Metro: M2 (Moscova); Bus: 61, 94
Die 1920 gegründete Weinhandlung bietet eine große Auswahl an Weinen, Spirituosen aber auch Öl und andere Spezialitäten.

Garbagnati (F 5)

Via V. Hugo 3
Metro: M1 und M3 (Duomo)
Tram: 8, 19
Beim berühmtesten Bäcker Mailands bekommt man jede Art von Brot und Gebäck. Auf Bestellung gibt es auch ungesäuertes Brot und koschere Backwaren.

Pattini e Marinoni (F 2)

Via Solferino 5
Bäcker tgl. 7–20.30 Uhr, Bar mit Mittagsküche bis 2 Uhr geöffnet
Bus: 41, 61

Peck (F 5)

Via Spadari 9
Metro: M1 (Cordusio); Tram: 8, 19
Peck ist für die Mailänder eine ›kulinarische Institution‹, der Inbegriff von Gastronomie, Schlemmerei und Genuss. In diesem Delikatessen-Tempel, einem Haus mit schöner Jugendstilfassade, findet man vom Kaviar über Käse, Fleisch, Fertiggerichte und Konditorei fast alles, was ein Gourmet begehrt.

Apotheken sind in der ganzen Stadt verteilt, die meisten haben inzwischen auch homöopathische Mittel. Genannt sei hier jene mit der größten Auswahl.

Farmacia Legnani (C 4)

Via Rasori 2
Tel. 02 48 01 38 88
Metro: M1 (Piazza Conciliazione)
Tram: 29, 30; Bus: 67

Viele große Modemarken haben ihren Sitz in Mailand

Große Auswahl an Produkten der ›Alternativen Medizin‹, z. B. Kräuter und Bachblütenpräparate.

Mode, Stoffe, Schuhe

Biffi (E 6)

Corso Genova 6
Bus: 94
Sowohl Herren- als auch Damenmode, klassisch und modern.

Brandy (D 5)

Via San Vittore 2
Metro: M2 (Sant'Ambrogio)
Mode für Teenager wie Sweatshirts in allen Formen und Farben. Hier kleidet sich die Mailänder Jugend ein.

Colomba Leddi Sartoria (D 3)

Haus für Damenmode
Via Revere 3
Tel. 02 48 01 41 46
Mo–Fr 17–19.30 Uhr
Metro: M1 und M2 (Cadorna)
Aus schönem indischen Stoff und Samt werden schlichte Jacken und Kleider mit Pfiff maßgeschneidert. Hier sucht sich besonders die linksintellektuelle Frau ihre Modelle aus.

10 Corso Como (F 2)

Corso Como 10
Metro: M2 (Garibaldi)
Mo 15.30–19.30 Uhr,
Di–Sa 10.30–19.30, Mi bis 21 Uhr
Flotte Mode und vieles mehr: Geschenkartikel, Designerstücke und Einrichtungsgegenstände. Im ersten Stock befindet sich eine Buchhandlung und eine Galerie für Foto- und Kunstausstellungen (Tel. 02 65 35 31, www.galleriacarlasozzani.org). Im **Café** oder **Restaurant** im Innenhof (Tel. 02 29 01 35 81, Mo mittags geschl.) trifft sich die Welt der Mode bei kreativen Gerichten. 10 Corso Como ist einer der ersten *concept stores* gewesen. Es gibt auch drei luxuriöse Suiten: *single* 340, *double*

520 € die Nacht, www.3rooms-10corso como.com

Gentucca Bini (F 6)

Via Pantano 17
Di–Fr 11–14.30, 15.30–19,
Mo 15.30–19, Sa 12–19 Uhr
Metro: M3 (Missori)
Die junge Modedesignerin von Romeo Gigli, Gentucca Bini hat auch ihren eigenen *dinamic space*, eine Mischung aus Atelier und Laden.

Home Textile Emporium (E 8)

Via Lecco 2
Mo 15–19, Di–Sa 10–13, 15–19 Uhr
Metro: M1 (Porta Venezia)

Outlets

Wer in Outlets ›volltanken‹ möchte und dazu noch Zeit und ein Auto hat, kann nach Mendrisio, gleich hinter der Schweizer Grenze bei Como (etwa 55 km) fahren. In den **Foxtown Factory Stores** in Mendrisio gibt es 130 Stores der wichtigsten Modehäuser, wie Gucci, Prada, Valentino, die hier Kleidungsstücke aus der letzten Saison mit 30–70 % Ermäßigung anbieten. Tgl. 11–19 Uhr geöffnet, Tel. 0041 848 82 88 88 www.foxtown.ch
Auch **Mc Arthur Glen Serravalle Outlet** an der Autobahn Richtung Genua, Ausfahrt Serravalle Scrivia (etwa 120 km) ist tgl. von 10–19 Uhr geöffnet, Tel. 01 43 60 90 00 www.mcarthurglen.it/serravalle
Hier steht eine regelrechte Modestadt mit kleinen Straßen und etwa 150 Geschäften. Man sollte vermeiden, sie samstags und sonntags zu besuchen!

In dem Ladengeschäft der Mailänder Stoffdesignerin Lisa Corti stehen große, alte Wäscheschränke und Vitrinen mit Vorhängen, Tischdecken und Bezügen aus feinstem Musselin, Leinen, Baumwolle und Seide. Auch Jacken, Hosen und Hemden aus Samt und Seide.

Kika La Magliaia (H 3)

Via Panfilo Castaldi 32
Mo–Sa 8.30–20.30 Uhr
Metro: M1 (Porta Venezia)
In einem winzigen Laden fertigt Kika maßgeschneiderte Kopien der teuren Kleider aus dem Goldenen Karree an. Man bringe den Stoff und ein Foto.

Mimma Gini (E 7)

Via Santa Croce 21
Piazza Sant'Eustorgio
Tram: 3
Große Auswahl von alten und neuen Stoffen aus dem fernen Orient, Afrika und Lateinamerika. Einzelstücke sowie Meterware. Maßanfertigung von Kissen, Vorhängen etc. Außerdem gibt es orientalisch inspirierte Mode.

Möbel & Design

Zahlreiche Designgeschäfte liegen in der Gegend von San Babila.

Officina Alessi (G 4)

Corso Matteotti 9
Metro: M1 (San Babila)
Nur hier findet man die weltweit berühmte Alessi-Kollektion komplett, von klassischen Stücken über Aldo Rossis Kaffeekanne bis zu neusten Kreationen.

Artemide (H 4)

Corso Monforte 19
Metro: M1 (San Babila)
Showroom für Designerlampen.

Azucena (G 5)
Via Visconti di Modrone 18
Bus: 94
Von der Straße aus kann man das berühmte Designgeschäft mit Lampen und Möbeln, vor allem von Caccia Dominioni, nicht sehen.

B & B Store (G 5)
Via Durini 14
Metro: M1 (San Babila)
Großer Showroom mit Möbeln, Lampen und Designerobjekten aus aller Welt fürs Haus.

Cappellini (G 4)
Via S. Cecilia 4
www.cappellini.it
Metro: M1 (San Babila)
Designermöbel und -objekte für ein junges Publikum.

Cassina (G 5)
Via Durini 18
Metro: M1 (San Babila)
In den großen und hellen Showrooms findet man eine Auswahl des besten zeitgenössischen europäischen Designs. Ein Saal mit Möbeln von Le Corbusier über Mackintosh bis Wright.

Dilmos (F 3)
Piazza San Marco 1
Eingang von Via Solferino
Metro: M2 (Moscova); Bus: 41, 94
Avantgardemöbel mit ungewöhnlichem Design. Möbel, Lampen, diverse Objekte als Einzelstücke.

Da Driade (F/G 5)
Via Manzoni 30
Metro: M3 (Monte Napoleone)
Tram: 1, 2
Die angebotenen Avantgardemöbel werden von der Familie Astori entworfen und produziert.

Personal Shopper

Ein Luxus, der bei luxuriösen Wünschen sparen hilft: der *Personal Shopper*. Name und Telefonnummer erhält man von den Portiers der 5-Sterne-Hotels. Man muss zwar tief in die Tasche greifen (etwa 60 € die Stunde), begibt sich dafür aber in die Hand von Experten (Frauen zwischen 30 und 40 mit Fremdsprachenkenntnissen, die meistens schon in der Mode- oder Tourismusbranche tätig waren), die einen beraten und immer auf dem Laufenden sind, was es wo zur Zeit am günstigsten zu erwerben gibt.

Emporio 31 (C 7)
Via Tortona 31
Di–Fr 10–13 14–19, Sa, So 10–19 Uhr
www.emporio31.com
Im einem Innenhof befindet sich dieses Design-Outlet für Möbel und Einrichtungsgegenstände.

Flos (H 4)
Corso Monforte 9
Metro: M1 (San Babila)
Designerlampen. Klassiker wie ›Parentesi‹ von Achille Castiglioni neben den neusten Kreationen.

Fornasetti (G 4)
Via A. Manzoni 45
Metro: M3 (Monte Napoleone)
Tram: 1; Bus: 94
Piero Fornasettis unverwechselbares surrealistisches Design in Keramik, Möbeln, Stoffen etc.

Kartell (G 3)
Via Turati/Ecke Via Carlo Porta
Metro: M3 (Turati)

Moderne, bunte, funktionelle Möbel nur aus Kunststoff.

De Padova (G 4)
Corso Venezia 14
Metro: M1 (San Babila); Bus: 94
Seit den 1950er-Jahren eine gute Adresse für Designliebhaber. Klassische Möbel mit klaren Formen.

Poltrona Frau (F 4)
Via Pisoni 2 (Ecke Via Manzoni)
Metro: M3 (Mont Napoleone)
Ledersofas und Sessel in allen Farben.

Rossana Orlandi (C 5)
Via M. Bandello, 14
www.rossanaorlandi.com
Metro: M2 (Sant'Ambrogio)
Der Concept Store mit Möbeln, Kuriositäten und Design-Unikaten befindet sich im Innenhof einer ehemaligen Krawattenfabrik. Dazu gehören auch das Modegeschäft nebenan für die elegante Dame und das Restaurant mit Bar **Pane e Acqua**, Tel. 02 48 19 86 22, So und Mo mittags geschl., Mittagsmenü 18, Degustationsmenü abends 46 €.

Second Hand & Restposten

L'Armadio di Laura (C 7)
Via Voghera 25
Di–Sa 10–18 Uhr

5. Juni–15. Sept. Mo–Fr 10–18 Uhr
Metro: M1 (Porta Genova)
Verborgen in einem Innenhof befindet sich ›Lauras Schrank‹, der seit 25 Jahren edle Kleidungsstücke nebst Abendkleidern der berühmten Modezaren bietet.

Cavalli e Nastri (F 4)
Via Brera 2 und
Via Giacomo Mora 12 (E 6)
Metro: M3 (Monte Napoleone), Bus: 61
Kleidung, Spitzen und Schmuck aus dem vorigen Jahrhundert.

DMagazine Outlet (G 4)
Via Monte Napoleone 26
tgl. 9.30–19.45 Uhr
Metro: M 3 (Monte Napoleone).
Via Forcella 13 (D 7)
Mo–Sa 10.30–19 Uhr
Metro: M 2 (Porta Genova).
Hier gibt es Mode der vergangenen Saison zum halben Preis.

Emporio Isola (D 2)
Via Prina 11
Foro Buonaparte 70 (E 4)
Via Giorgio Washington 56 (B 5)
Tram: 1, 29, 30
Im Angebot hat dieser Laden eine große Auswahl an Kleidung der bekanntesten Marken: klassisch, elegant und sportlich, auch Schuhe.

Il Salvagente (J 5)
Via Fratelli Bronzetti 16
Bus: 60, 62
Dies ist vielleicht die berühmteste Adresse, um Designermode der vergangenen Saison zu erschwinglichen Preisen zu erstehen.

Schmuck

Anaconda (G 5)
Via Bergamini 7
Tram: 12, 27; Bus: 54, 60, 65
Monica Rossi mischt in ihren Schmuck-Entwürfen Tradition mit der Klarheit des modernen Designs.

Pellini (E 5/G 4)
Via Morigi 9; Via Manzoni 20
Via Santa Maria alla Porta 13
Corso Magenta 11
Metro: M3 (Monte Napoleone) oder
M1 (Cordusio)
Eleganten Schmuck kann man auch aus Glas, Kunstharz und Steinen herstellen.

An der Piazza San Babila kann man schon ins Träumen geraten

Nachtleben im Brera-Viertel

Ausgehen

Fast täglich werden in Mailand neue Lokale eröffnet, alte geschlossen, Besitzer gewechselt. Was heute *in* ist, kann morgen wieder *out* sein. Doch es gibt auch viele Adressen, die nun schon seit vielen Jahren *in* sind. Lokale sind über die ganze Stadt verteilt. Die beliebtesten Gegenden sind das Brera-, Ticinese- und Navigli-Viertel, doch es kommen dauernd neue dazu, wie z. B. das ›Quartiere Isola‹ vor allem in der Via Borsieri (F 1 und nördlicher) hinter der Stazione di Porta Garibaldi mit dem ›Blue Note‹ und ›Nordest Caffè‹. In und um den Corso Como, der nun Fußgängerzone ist, auf der anderen Seite des Bahnhofs zur Stadt hin, reihen sich immer mehr beliebte Discos, Restaurants und Bars, immer mehr Nachteulen und Mode-Freaks sind hier auf der Suche nach Amüsement. Am Arco della Pace und am Beginn des Corso Sempione eröffnen ständig neue Lokale. Auch in der Città Studi (K 2), der Gegend um die Universität, gibt es diverse, beliebte Kneipen, vor allem englische Pubs und Cocktail-Bars. Dort geht es nicht so laut zu und auch die Parkmöglichkeiten sind bedeutend besser.

Die Mailänder gehen gern und viel aus. Gleich nach der Arbeit beginnt das sich immer länger hinziehende Ritual des Aperitifs. Happy Hour bedeutet in Mailand nicht zwei Getränke zum Preis von einem, sondern ein reiches Buffet mit allen möglichen Köstlichkeiten zu einem Getränk. Man legt vor allem Wert auf das Ambiente: Es muss ästhetischen Ansprüchen dienen, jedoch nicht mehr so kühl und minimalistisch wie Ende der 1990er-Jahre sein, denn es soll entspannend wirken. Bis gestern noch hieß die Devise in Mailand *less is more* nun wohl *more is beautiful*. Mehr Plüsch und Damast, goldene Spiegel und Kerzen, Blumenschmuck und Mosaiken und, und, und. Warme, gemütliche Lounge-Bars sprießen an allen Ecken und Enden aus dem Boden und verheißen allen Entspannung und Gemütlichkeit. Manche Adressen sind auch schwer auf einen Nenner zu bringende Allrounder, in denen man an Sonntagen brunchen, unter der Woche essen, Musik hören, Ausstellungen anschauen oder auch tanzen kann. Im Sommer zieht das Nachtleben nach draußen: Dann werden auch die Discos am Idroscalo, dem künstlichen See in Flughafennähe (s. S. 97), den städtischen vorgezogen, so z. B. das ›Caffè Solaire‹ an der Circonvallazione Est oder die Lokale am Ippodromo. In der Stadt haben dann die Lokale im Grünen, an Schwimmbädern, wie die Piscina Argelati (Via Segantini 6), im Parco Sempione, am Arco della Pace, am Parco delle Basiliche San Lorenzo und Sant'Eustorgio Hochkonjunktur (s. S. 87, 98).

Für manche Lokale, wie etwa die Diskothek Bitte, braucht man eine *Tessera Arci*, Jahresbeitrag 10 €. Sie gilt in ganz Italien für die *Circoli Arci* und beschert in manchen Kinos und Theatern Ermäßigungen.

Beliebte Bars & Szene-Lokale

Bar Jamaica (F 4)

Via Brera 32
Mo–Sa 9–2 Uhr, So geschl.
Metro: M2 (Lanza)
Tram: 3, 4, 12; Bus: 61
In den 1920er-Jahren war diese Bar Treffpunkt für Künstler und Intellektuelle. Seit den 1980er-Jahren gehört auch dieses Lokal der Schickeria. Es bleibt aber ein beliebter Ort für einen Aperitif, zumal die alten vergilbten Kacheln, die Veranda und die Einrichtung überlebt haben.

Bar Magenta (D 5)

Via Carducci 13
Di–So 7–3 Uhr, Mo geschl.
Tram: 19, 24; Bus: 18, 94
Gemütliche Bar aus den Gründerjahren mit dunklen Holzmöbeln, frisch renoviert und immer *en vogue*. Mittags kann man hier auch etwas essen. Abends treffen sich vor allem junge Leute in der Bar; Aperitifs, Cocktails, Bier.

Coquetel American Bar (E 6)

Via Vetere 14
Mo–Sa 8–2 Uhr, So geschl.
Bus: 94; Tram: 3
Im Sommer quillt die Bar über bis hinaus in den Parco delle Basiliche. Im Winter ist die Atmosphäre etwas intimer, aber zur Happy Hour mit riesigem Buffet (6 €) wird es immer voll. Mittags gibt es auch Kleinigkeiten zu essen.

Exploit (E 6)

Via Pioppette 3
Tel. 02 89 40 86 75
Di–So 12–15, 18–2 Uhr
Tram: 3; Bus: 94
Beliebtes, vor allem zum Aperitif immer volles Lokal. Im Sommer sitzt man draußen mit Blick auf die römischen Säulen von San Lorenzo.

La Belle Aurore (J 3)

Via Castellmorrone
Ecke Via Abamonti
Tel. 022 94 06 21
Mo–Sa 8–1.30 Uhr, So geschl.
Tram: 11, 23; Bus: 54, 60, 62
Weiße Marmortische, Zeitungen, Atmosphäre eines Pariser Bistros. Morgens gibt es heiße Croissants, mittags einige warme Gerichte. Gute Aperitifs. Hierher kommt man vor allem, um sich zu unterhalten.

Le Biciclette (E 6)

Via Torti 8
Tel. 028 39 41 77
tgl. 18–2 Uhr,
Sept.–April 12.30–16 Uhr Brunch,
Bus: 94, Abendgerichte ca. 30 €
Der Name erinnert daran, dass hier einst Fahrräder hergestellt wurden. Der lange Tresen, der sich zur Happy Hour in ein reiches Buffet umwandelt, lockt

Via G. G. Mora

Die kleine Via G. G. Mora, wo 1630 ein armer Barbier als *untore* (Pestverbreiter) getötet wurde, bietet nebst den Lokalen ›Cuore‹, ›Crota Piemonteisa‹, ›Berlin Caffè‹ eine auf Reise und eine auf Mode spezialisierte Buchhandlung sowie Geschäfte, die eine Mischung aus Atelier, Werkstatt und Laden sind.

Wo ist was los?

Taxifahrer sind immer bestens darüber informiert, welche Discos oder Lokale gerade *in* sind. Um selbst herauszufinden, was es wann und wo zu erleben gibt, schaue man in die Tageszeitungen ›Corriere della Sera‹ und ›La Repubblica‹ sowie in ihre Beilagen ›Vivimilano‹ am Mittwoch und ›Tutto Milano‹ am Donnerstag. Beim Fremdenverkehrsbüro (IAT) liegt die Broschüre ›Milano Mese‹ und ›Hello Milan‹ auf Englisch und Japanisch mit Informationen und Tipps aus. ›Radio Popolare FM‹ (101,5–107,6) sendet nebst Nachrichten, Musik und Interviews laufend Informationen über die Ereignisse in der Stadt. ›Underground-Info‹ findet man im Heftchen ›Zerodue‹, das in Lokalen ausliegt.

viele zum Aperitif. Wie in vielen anderen Lokalen gibt es auch hier jeden Monat eine Kunstausstellung.

Café Atlantique (J 7)

Viale Umbria 42
Tel. 02 55 19 39 25
www.cafeatlantique.com
Do–So 19–3 Uhr
Bus: 90, 91
Unter dem riesigen Glasfaserleuchter tanzen vor allem Studenten, aber auch manch Model zu Funky-House oder italienischer Pianobar-Musik.

La Casa 139 (südl. G 8)

Via Ripamonti 139
Tel. 02 45 48 82 67
Mo–Sa 22–4 Uhr
Tram: 24
Jahresmitgliedkarte Arci
Viele berühmte Musiker der alternativen Szene haben hier gespielt, als sie kaum jemand kannte. In fast privater Atmosphäre werden auch Theater- und Kabarettaufführungen und Kunstausstellungen geboten.

Cicip e Ciciap (E 5)

Via Gorani 9
Tel. 028 66 99 54 10
Mi–So 19–1 Uhr
Metro: M1 (Cordusio)
Tram: 19, 24; Bus: 18
Nur für Frauen. Im traditionellen Lokal der Mailänder Frauenbewegung gibt es auch Diskussionsabende, Tanz, Musik oder Theateraufführungen.

Cuore (E 6)

Via G. G. Mora 3
Tel. 02 58 10 51 26
tgl. 18–2 Uhr
Metro: M2 (Sant Ambrogio)
Tram: 2, 3, 14; Bus: 94
Nur zwei Schritte von den Colonne di San Lorenzo entfernt bietet das Lokal hervorragende Cocktails und Finger Food in originell gestyltem Ambiente.

Dynamo (nördl. F 1)

Piazza Greco 5
Tel. 026 70 43 53
www.dynamo.it
Di–So 18–2 Uhr
Metro: M2 (Stazione Centrale), dann Bus 81; M3 (Sondrio), dann Bus 43
Hier gibt es jeden Tag Happy Hour, sonntagmittags auch Brunch. Zum Programm dieses belebten Lokals gehören Livemusik, Discobar (Fr u. Sa) und Ausstellungen junger Künstler.

Il Gattopardo (C 1)

Via Piero della Francesca 47
Tel. 02 34 53 76 99
So, Di, Mi 18–1 Uhr

Do bis 3.30, Fr bis 4 Uhr
Bus: 94
Diese Discobar ist der theatralischste Ort der Stadt, eine entweihte Kirche mit barocken Szenerien wie aus einem Film von Visconti. Bis 22 Uhr Aperitif mit Riesenbuffet, anschließend Tanz. Publikum ab 35 Jahren.

Joe Penas (D 6)

Via Savona 19
Tel. 02 58 11 08 20
Mo–Sa 19–2 Uhr, Küche bis 1 Uhr, So geschl.
Metro: M2 (Porta Genova); Tram: 29, 30
Das Tex-Mex-Lokal füllt sich nun schon seit vielen Jahren zum Aperitif und zum Buffet der Happy Hour, mexikanische Gerichte.

Juleps (E 8)

Via Torricelli 21
Tel. 02 89 40 90 29
So–Fr 19–2 Uhr, Sa geschl., Restaurant bis 0.30 Uhr
Tram: 15; Bus: 59
Raffinierte American Bar, immer gut besucht und mit einer Riesenauswahl an Cocktails, Long Drinks und Spirituosen aus aller Welt.

Just Cavalli Café (D 3)

Unter der Torre Branca
Im Parco Sempione
Tel. 02 31 18 17
Mo–Sa 20–2 Uhr
Bus: 61
Abendessen ca. 60 €.
Glamour-Adresse vom Modeschöpfer Roberto Cavalli. Mitten im Grün des Parco Sempione – bei Kälte hinter Glas – sitzt man auf Leopardensofas.

Lelephante (H 3)

Via Melzo 22
Di–So 17–2 Uhr, Mo geschl., So 12–16 Uhr Brunch
Metro: M1 (Porta Venezia)
Modisches Lokal mit mattem Licht aus bunten Reispapier-Lampen. Es gibt gute Cocktails und Kleinigkeiten zum Essen. Das Lokal ist zwar ›hetero‹, aber auch bei Homosexuellen sehr beliebt.

Loolapaloosa (F 2)

Corso Como 15
Tel. 026 55 56 93
Mo–Fr 12–ca. 3,
Sa, So 17–ca. 3 Uhr
Metro: M2 (Garibaldi)
In diesem Irisch Pub geht es eher südländisch zu. Während der Modemessen tanzen hier zur Freude der Besucher bei dröhnender Musik Models mit unendlich langen Beinen auf den Tischen.

Milano (D 2)

Via Procaccini 37
Tel. 02 36 53 60 60
Di–Sa 18–2 Uhr
Tram: 29
Cocktails ca. 8 €
Kaminfeuer, Brunnen, Sofas und Sessel vermitteln eine gemütliche Atmosphäre für entspannte Abende. Modezeitschriften laden zum Schmökern ein.

Osteria del Pallone (D 7)

Viale Gorizia 30, Ecke Naviglio
Tel. 02 58 10 56 41
Di–So 11–2, Mo ab 18 Uhr
Metro: M2 (Porta Genova)
Tram: 19, 29, 30
Kneipe mit alter Mailänder Atmosphäre, in der man zu jeder Uhrzeit einen Salat essen kann.

Caffè della Pusterla (E 6)

Via de Amicis 24
Tel. 02 89 40 21 46
7–2, Küche 11–2 Uhr
Bus: 94

Tram: 2, 3, 14
In diesem belebten, alten Lokal mit viel Holz und großem dunklen Marmortresen liegen Zeitungen an der Stange aus. Man kann fast rund um die Uhr eine Kleinigkeit essen. Es gibt *crostoni:* große, gegrillte, verschieden belegte Brotscheiben, Salate oder auch warme Gerichte und eine gute Auswahl an Weinen.

Radetzky (F 2)
Corso Garibaldi 105
Mo–Sa 7–1 Uhr, So geschl.
Metro: M2 (Moscova)
Bus: 41, 94
Diese Bistro-Bar ist sehr *en vogue* und besonders abends ist es immer voll. Schon morgens kann man hier frühstücken, mittags und abends kann man bei gedämpfter klassischer Musik Kleinigkeiten speisen. Es gibt gute Aperitifs, Sekt mit Austern, Cocktails.

Royalto (C 1)
Via Piero della Francesca 55
Tel. 02 34 93 66 16
Di–Sa 18–1.30 Uhr
Tram: 1, 19
Bus: 43, 57
Das elegante Lokal ist auch ein Restaurant. Auf dem langen, schwarzen Ebenholztresen wird ein reiches Buffet zum Aperitif angerichtet.

Shu (E 6)
Via della Chiusa, Ecke Molino delle Armi
Tel. 02 58 31 57 20
tgl. 18–2 Uhr
Bus: 94
Dieser sehr trendy, modern gestylte Treffpunkt in der Nähe des Parco delle Basiliche trägt den Namen des ägyptischen Gottes, der die Himmelskuppe trägt. Säulen (Arme) mit riesigen Händen tragen die Decke.

Taverna Morigi (E 5)
Via Morigi 8
Tel. 02 80 58 20 07
Mo–Fr 12.30–14.30 und
Mo–Sa 18.30–1 Uhr, So geschl.
Tram: 12, 19, 24, Bus: 50, 54
Traditionelle Enothek, aber auch Restaurant. Hier treffen sich Weinliebhaber jeden Alters und essen Käse oder Aufschnitt zum Wein. Gemütlich, düster, Stimmengetöse.

El Tombon de San Marc (F 3)
Via S. Marco 20
Mo–Sa 12–15, 17–1 Uhr
So geschl.
Bus: 41, 61, 94
Gutes Bier, gute *panini,* hervorragende Musik. Dieses stets gut besuchte Lokal verbreitet einen Hauch von ›Old-England-Atmosphäre‹. Kalte und warme Gerichte, Suppen sowie Salate stehen auf der Speisekarte.

Le Trottoir – La Darsena (E 7)
Piazza XXV Maggio
Tel. 028 37 81 66
tgl. 11–3 Uhr, ab 22.30 Uhr Live-Musik
Tram: 3, 9, 29, 30
Die belebte Kneipe mit Kunstwerken, buntgemischtem Publikum und einer bis spät in die Nacht offenen Küche musste den ehemaligen *Tabacchi*-Laden im Corso Garibaldi verlassen, hat aber zur Freude ihrer Anhänger Unterkunft in einem der alten Zollhäuser auf der Piazza XXV Maggio gefunden. Oft sitzt hier der Krimi-Autor Andrea Pinketts, dem ein Raum gewidmet ist.

San Vittore (C 5)
Viale Papiniano 16
Tel. 02 43 31 96 82
Di–Fr 18–2 Uhr, Küche ab 18 Uhr,
Mo geschl., Sonntagsbrunch 20 €
Metro: M2 (Sant'Agostino)

Lounge Bar und Restaurant und beliebter, multifunktionaler Treffpunkt. Der Name kommt nicht etwa von dem gegenüberliegenden Gefängnis, sondern von dem hl. Vittore.

Diskotheken

In Mailand gibt es sehr viele Discos und viele berühmte DJs. Promis aus der Welt der Mode und des Fußballs sind ständig auf der Suche nach Amüsement. So gibt es eine ganze Reihe von Adressen von *places to be,* in denen sich die VIPs treffen. Die Tendenz vieler Lokale ist es, jeden Abend ein anderes Programm zu bieten.

Alcatraz (nördl. E 1)

Via Vatellina 21/27
Tel. 02 69 01 63 52
Fr, Sa 23–4 Uhr
Disco: Fr Revival, Sa Rock
Metro: M3 (Macciachini); Tram: 3, 4
Eintritt: 14 €
Die größte Disco Mailands in einer ehemaligen Fabrik mit hochmoderner Licht- und Audioanlage bietet auch Live-Konzerte und Happenings.

Bitte (A 8)

Via Watt 37
Tel. 02 97 38 41 11
www.bittemilano.com
Mo–Fr mittags Restaurant 10/15 €
Fr und Sa 22–4 Uhr
(manchmal auch an anderen Tagen)
Tram: 2
Bus: 74, 90/91
Jahresmitgliedskarte Arci
Große multifunktionale Diskothek in einem ehemaligen Industriegebäude. Hier finden auch Theateraufführungen, Buchvorstellungen, Performances und Feste statt. Interessantes Musikprogramm.

Hollywood (F 2)

Corso Como 15
Tel. 026 59 89 96
Di–So 22.30–4 Uhr, Mo geschl.
Metro: M2 (Stazione Garibaldi)
Eintritt: 20 €

Die Bar Magenta ist zu jeder Tageszeit ein beliebter Treffpunkt

Eine der Topadressen in Mailand. Hier tanzt, wer mit Mode zu tun hat, und natürlich auch, wer Models und Fotografen sehen möchte. Die bekanntesten DJs sorgen für gute Musik.

Magazzini Generali (G 8)

Via Pietrasanta 14
Tel. 025 39 39 48
Mi, Fr, Sa geöffnet
Tram: 24
Bus: 90, 91
Eintritt: Fr, Sa 18/25 €, Mi gratis
In einem ehemaligen Fabrikgebäude residiert diese Riesendisco auf zwei Stockwerken und jeden Abend mit einem neuen Programm. Das Publikum ist sehr gemischt und immer ist Highlife angesagt.

Old Fashion Cafè (D 3)

Viale Alemagna 6
Tel. 028 05 62 31
Metro: M1/2 (Cadorna)
Bus: 61
Diese seit jeher beliebte Bar mit Restaurant und Disco im Palazzo della Triennale bietet im Sommer auch die Möglichkeit, draußen zu tanzen.

Plastic (J 6)

Viale Umbria 120
Tel. 02 73 39 96
Fr–So 23–5 Uhr, Mo geschl.
Metro: M3 (Lodi)
Tram: 12
Bus: 37, 45, 66, 92
Eintritt: 10–20 €
Seit 20 Jahren die Adresse für Gays und Lesben. Farbiger Look und viel Stimmung.

Rocket (südl. E 10)

Via Pezzotti 52
Tel. 02 89 50 35 09
22–3 Uhr, Mo geschl.
Tram: 15; Bus: 65
Diese alternative, an die 1970er-Jahre erinnernde Discobar ist nur wenige Schritte von den Navigli entfernt. Ein junges, heterogenes Publikum trifft hier spät abends ein. Man zahlt keinen Eintritt und ist auch nicht gezwungen, ein Getränk zu nehmen.

Rolling Stone (J 5)

Corso XXII. Marzo 32
Tel. 02 73 31 72
Fr, Sa 23.30–4 Uhr
Tram: 12, 27
Bus: 37, 45, 60, 66, 73
www.rollingstone.it
Eintritt: 10 €
Der ›Tempel des Rock‹ mit Musik der 1970er- und 80er-Jahre. Er wurde kürzlich renoviert und kann über 1600 Menschen aufnehmen.

Shocking Club (F 2)

Bastioni di Porta Nuova 12
Tel. 02 62 69 00 45
Juni–Sept geschl.
Fr, Sa 22.30–3 Uhr
Metro: M2 (Garibaldi)
Tram: 11, 29, 30, 33
Bus: 43
Eintritt: 10–18 €
Beliebter Treffpunkt von VIPs und Models. Neuer schwarz-weißer Look, große Tanzfläche, Restaurant und Konzertsaal.

Sottomarino Giallo (J 2)

Via Donatello, 2
Fr und Sa ab 22.30 Uhr
Metro: M2 (Piola)
Eintritt: 10/15 €
Bis vor Kurzem wurde diese Disco nur von Frauen besucht, doch nun trifft sich ein heterogenes Publikum zu elektronischer Musik.

Tocqueville (F 2)
Via D. Tocqueville 13
Tel. 02 29 00 29 73
www.tokvill.com
Metro: M2 (Garibaldi)
Sehr exklusive, orientalisch angehauchte, bei Fußballspielern beliebte Disco.

Lokale mit Live-Musik

Blue Note (F 1)
Via Borsieri 37
Tel. 02 69 01 68 88
www.bluenotemilano.com
Di–So 19.30–2 Uhr
Metro: M2 (Garibaldi) und
M3 (ZARA)
Tram: 11; Bus: 82
Mailand wurde als erste europäische Stadt für eine Dependance des berühmten New Yorker Lokals erkoren. Warme Farbtöne, gute Cocktails, Restaurant. Jeden Abend gibt es zwei Konzerte.

Ca Bianca Club (westl. A 8)
Via Ludovico il Moro 117
Tel. 02 89 12 57 77
Tram: 19
Ab 21 Uhr Restaurant. Ab 23 Uhr gibt es ein buntes Programm mit Kabarett oder Live-Musik, vor allem Dixieland und New Orleans, aber auch Folk. Zu dem Komplex gehört auch ein Hotel (teuer).

Nordest Caffè (F 1)
Via P. Borsieri 35
Tel. 02 69 00 19 10
www.nordestcaffe.it
Mo 8–13, Di–Sa 8–1,
So 8.30–21.30 Uhr
Metro: M2 (Garibaldi) und
M3 (ZARA)
Tram: 11; Bus: 82
Warme Gerichte ca. 15,50 €; So Brunch
Ein Lokal für Jazz-Liebhaber im neuen Szeneviertel Isola. Mi und Do gibt es Live-Jazz. Alle zwei Monate werden Kunstausstellungen organisiert. Im Sommer kann man an kleinen Tischen draußen sitzen.

Salumeria della Musica (südl. G 8)
Via Pasinetti 2
Tel. 02 56 80 73 50
Mo–Sa 21–2 Uhr, So geschl., Fr, Sa Disco
Tram: 24
Disco-Bar mit Live-Konzerten in einer ehemaligen Fabrik, überwiegend Jazz. Zu essen gibt es Salumi (Aufschnitt) und Käse.

Scimmie (E 7)
Via Cardinale Ascanio Sforza 49
Tel. 02 89 40 28 74
Mo–Sa 20–2 Uhr, So geschl.,
Restaurant bis 1.30 Uhr, günstig
Tram: 3, 15
Bus: 90, 91
Hier wird nicht nur Jazz, sondern auch Funk, Rhythm & Blues und etwas Rock gespielt. Die Poster erzählen die Geschichte des Lokals, das nicht sehr groß, aber immer voll ist und eine ›Underground-Atmosphäre‹ verbreitet. Im Sommer kann man auf einem Kahn auf dem Naviglio sitzen.

Zythum (südl. G 8)
Via Rutilia 16
Tel. 025 69 16 16
Di–So 20–2 Uhr, Restaurant (mittags günstig, abends moderat)
Fr u. Sa DJ mit Musik der 1970er- und 80er-Jahre
Tram: 24
In der ehemaligen Knopffabrik wird heute nicht nur Bier gebraut. Man kann etwas essen und dazu gibt es hier auch Live-Musik.

Unterhaltung

Straßenkünstler sorgen auch tagsüber für schwungvolle Unterhaltung

Die Geschäftsstadt Mailand ist auch eine Kunst- und Kulturstadt. Es kommen zwar vor allem Geschäftsleute hierher, beziehen die Luxushotels, shoppen im ›Goldenen Karree‹ und suchen dann am Abend Unterhaltung. Aber auch immer mehr *not-business-people* besuchen Mailand. Neben seinen reichen Museen bietet Mailand viel, vor allem klassische Musik, aber auch Jazz in vielen Lokalen (s. unter Ausgehen).

Mailand ist die italienische Hauptstadt des Kabaretts. Viele Fernseh- und Kinokomiker haben hier ihre ersten Schritte gemacht. Das Lokal Zelig (s. S. 72) ist seit Jahrzehnten ein Mythos, und etliche neue Komikerschmieden sind entstanden.

Die Scala, eines der berühmtesten Opernhäuser der Welt ist natürlich der erste Kultur-Magnet. Giuseppe Verdi, Arturo Toscanini, Maria Callas, Claudio Abbado, der dann die Berliner Philharmoniker übernahm, und Riccardo Muti haben den Namen der Scala um die Welt getragen.

Während der Möbelmesse Mitte April ist die Stadt voll von jungen Kreativen aus aller Herren Länder, es finden zahlreiche Events und Ausstellungen statt. Und die Festatmosphäre breitet sich über die ganze Stadt aus. Vor allem in der Zona Tortona (C/D 6/7) geht's dann rund.

Informationen

Fremdenverkehrsbüro IAT

Piazza Duomo 19
Tel. 02 77 40 43 43
Fax 02 77 40 43 33
www.visitamilano.it
info@milanoinfotourist.com
Mo–Fr 8.45–13, 14–18,
Sa, So, Fei 9–13, 14–17 Uhr
Im Fremdenverkehrsbüro IAT wie auch in den **Stadtbüros** der Galleria Vittorio Emanuele II erhält man die Broschüre ›Milano Mese‹ und Informationen über das Kulturangebot.

Kulturinstitute

Centro Culturale Svizzero (G 3)

Via Vecchio Politecnico 1/3
(Piazza Cavour)
Tel. 02 76 01 61 18
www.ccsmilano.it
Metro: M3 (Turati); Tram: 1; Bus: 94, 91
Hier finden Ausstellungen, Konferenzen und Buchvorstellungen statt.

Goethe-Institut (G 5)

Via San Paolo 10
Tel. 02 76 00 55 71
Fax 02 76 00 91 86
Metro: M1 (San Babila), M3 (Duomo)

Ausstellungen, Filme, Vorträge. Deutsche Zeitungen liegen aus.

Theater, Oper & Ballett

Die Tageszeitungen informieren auch über die Programme der rund dreißig Theater. Karten erhält man an den Theaterkassen. Für manche Vorstellungen kann man sie unter anderem auch reservieren bei:

Ricordi
Box Office
Galleria Vittorio Emanuele II
Tel. 028 69 06 83

Teatro degli Arcimboldi (nördlich H 1)

Viale degli Innovazione 20
Tickets: Tel. 026 41 14 22 12
www.teatroarcimboldi.it
www.ticketone.it
Metro: L1 (Precotto) und dann Tram 7
Das Theater in der Bicocca, dem früheren Pirelli-Gelände, war zunächst Ausweichquartier der Scala. In der eleganten Oper mit 2375 Plätzen finden Opern, Konzerte und Ballett-Aufführungen statt.

CRT Teatro dell'Arte (D 3)

Viale Alemagna 8
Tel. 02 89 01 16 44
www.teatrocrt.org
Metro: M1 und M2 (Cadorna)
Das Theater mit seinen 800 Plätzen am Parco Sempione ist besonders bei Freunden der Avantgarde beliebt.

Der eigentliche Sitz des CRT

liegt etwas außerhalb:
Via Ulisse Dini 7 (südl. E 8)
Tel. 02 89 01 16 44
Tram: 3, 15
Auch im Hauptsitz des CRT finden Aufführungen statt.

Ciak (östl. K 4)

Via Sangallo 33
Tel. 02 29 40 53 15
www.teatrociak.com
Tram: 5; Bus: 38, 54, 61, 90, 91, 93
Theater-, Kabarett- und Musikaufführungen.

Teatro dell'Elfo Teatridithalia (J 4)

Via Ciro Menotti 11
Tel. 02 76 11 00 07
www.elfo.org
Bus: 54, 61
Seit über 30 Jahren werden hier Stücke von zeitgenössischen, oft zornigen Autoren und zuweilen auch Klassiker aufgeführt.

Teatro Parenti (H 7)

Via Pierlombardo 14
Tel 025 99 52 06
www.teatrofrancoparenti.it
Tram 9, 29/30
Das Theater mit fünf verschieden großen Sälen bietet ein abwechslungsreiches Programm von klassischem und Avantgardetheater bis hin zu Tanz. Im Theater befindet sich ein Restaurant.

Forma

Das internationale Fotografiezentrum Forma ist eine Mischung aus Museum und Galerie. Es bietet wichtige Ausstellungen, Workshops, Konferenzen und vieles mehr.
Nebenan lockt das elegante, minimalistische Restaurant Forma, Tel. 02 45 47 46 88 mit kreativer Küche und einer interessanten Weinkarte.
Forma, Piazza Tito L. Caro 1, Tel. 02 58 11 80 67.

Kirchenkonzerte

Sehr lohnend sind die Konzerte in den Kirchen San Marco, San Satiro, in der Sakristei von Santa Maria delle Grazie und vor allem in der Kirche San Maurizio, bei denen man sich sowohl an der Musik als auch an den wunderschönen Fresken erfreut.

Piccolo Teatro di Milano (F 4)

(Teatro Grassi)
Via Rovello 2
Tel. 848 80 03 04
www.piccoloteatro.org
Metro: M1 (Cordusio und Cairoli)
Das 1947 von Giorgio Strehler und Paolo Grassi als erstes Stadttheater Italiens gegründete ›Piccolo‹ wurde dank Strehlers Regie in der gesamten Theaterwelt berühmt. Seit dessen Tod 1997 ist Luca Ronconi der künstlerische Direktor. Heute hat das Piccolo Teatro drei Spielstätten: das Teatro Grassi (z. Z. wegen Restaurierungsarbeiten geschlossen), das Teatro Giorgio Streler und das Teatro Studio.

Nuovo Piccolo Teatro (E 3)

(Teatro Giorgio Strehler)
Largo Greppi
Tel. 848 80 03 04
Metro: M2 (Lanza)
Tram: 3, 4, 12, 14; Bus: 61
Die große Bühne des ›Piccolo‹, die ihm (wie das Teatro Studio nebenan) unter gleicher Leitung angeschlossen ist, wurde mit Giorgio Strehlers letzter, unvollendeter Regie ›Cosi fan tutte‹ im Januar 1998 eröffnet und dient weiterhin neben dem Theater auch der Musik.

Teatro Studio (E 3)

Via Rivoli 6, gegenüber Teatro Strehler
Tel. 848 80 03 04
Metro: M2 (Lanza)
Tram: 3, 4, 12, 14; Bus: 61
Das von Zanuso umgebaute ehemalige Operettenhaus ist heute Studiobühne für das Piccolo Teatro.

Teatro alla Scala (F 4)

Piazza della Scala
Info: Tel. 02 72 00 37 44
tgl. 9–18 Uhr
Kasse tgl. 12–18, elektronisches Info-Terminal 0–24 Uhr, Aug. geschl.
Reservierung: Tel. 02 86 07 75
(Taste 3 für Deutsch wählen);
Online-Ticket-Verkauf:
www.teatroallascala.org
Metro: M1 und M3 (Duomo),
M3 (Monte Napoleone); Tram: 1
Kartenreservierungen: Telefonisch und online 2 Monate im Voraus, last minute an der Abendkasse eine Stunde vor der Aufführung. Es gibt täglich auch 140 günstige Karten, für die eine Warteliste erstellt wird. Bei begehrten Aufführungen können sich schon sehr früh lange Schlangen bilden.

Teatro Ventaglio Smeraldo (F 2)

Piazza XXV Aprile
Tel. 02 29 00 67 67
www.smeraldo.it
Metro: M2 (Garibaldi)
Musicals vom Broadway und vom East End sowie große Konzerte.

Zelig (nördl. K 1)

Viale Monza 140
Tel. 022 55 17 74
Metro: M1 (Turro); Bus: 46
Viele berühmte italienische Komiker haben hier ihre Karriere begonnen. Das Bistro Woody's Café American Restaurant, Tel. 02 25 71 49 54, So und mittags geschl., bietet gute Speisen zu günstigen Preisen. *Primi* 8, *secondi* 13 €.

Konzertsäle

Auditorium di Milano (E 8)
Largo Gustav Mahler
(Corso San Gottardo)
Tel. 02 83 38 94 01/02/03
www.auditoriumdimilano.org
Tram: 15
Das Auditorium feierte vor einiger Zeit sein zehnjähriges Bestehen unter der Stabführung Riccardo Chaillys.

Conservatorio di Musica Giuseppe Verdi (H 5)
Via Conservatorio 12
Tel. 027 62 11 01
Metro: M1 (San Babila)
Bus: 37, 54, 60, 61, 73, 94
Das Konservatorium Mailands, erste Musikschule der Stadt, befindet sich in einem Kloster aus dem 17. Jh. Die Bibliothek besitzt Manuskripte von Komponisten wie Mozart, Rossini und Donizetti. Der Konzertsaal hat 2000 Plätze. Hier findet die Konzertreihe ›Pomeriggi Musicali‹ statt.

Musica nei cortili
Im Sommer finden Konzerte in den Höfen der Mailänder Palazzi statt.

Musica e Poesia a San Maurizio (E 5)
Via Luini 2
Tram: 19, 24; Bus: 18, 50, 54, 58
Barockkonzerte in der von Bernardino Luini freskierten Kirche.

Palazzina Liberty (J 6)
Largo Marinai d'Italia
Tram: 12, 27; Bus: 60
Die Palazzina Liberty (1906) wurde in den 1970er-Jahren berühmt, als Dario Fo's ›La Comune‹ sie besetzte und als Aufführungsort nutzte. Heute finden hier Konzerte statt.

Teatro dal Verme (E 4)
Via S. Giovanni sul Muro 2
Tel. 87 90 52 01
www.dalverme.org
Metro: M1 (Cairoli)
Prächtiger, restaurierter Konzertsaal mit sehr guter Akustik.

Rock- und Popkonzerte

Centro Sociale Leoncavallo (nördl. H 1)
Via Watteau 7
Tel. 02 26 14 02 87
oder 026 70 48 37
www.leoncavallo.org
Berühmt-berüchtigtes Jugendzentrum, in dem Konzerte, Theater, Filme und

Design Library

Diese ganz dem italienischen Design gewidmete Bibliothek führt Werke ab dem Beginn des 20. Jh., internationale Zeitschriften, ein Archiv mit über 6000 Zeitschriften, Videos, Firmenkataloge, Marktforschungsergebnisse und vieles mehr. Sie ist ein Ort der Begegnung und des Austauschs mit Initiativen wie etwa den ›I Giovedì del Design‹ mit jeweils einem Designer, mit Diskussionsrunden und Ausstellungen. Nebenan lockt das **Design Library Café** auch Nicht-Mitglieder mittags und abends mit guten Gerichten sowie zum Aperitif (Tel. 02 89 42 33 29, Sa mittags und So geschl.).
Design Library: Via Savona 11 (D 6), Metro: M2 (Porta Genova), Mo–Fr 10–19.30, Sa 10–17 Uhr, Jahresbeitrag 25 €.

Treffen jeder Art stattfinden, auch mit internationalen Gästen.

Datch Forum di Assago (südl. C 8)

Via Vittorio 6, in Assago
Tel. 02 48 85 72 20
Metro: M2 (Famagosta), dann Bus: 320
Das Datch Forum di Assago ist ein moderner Mehrzweckkomplex. Ein großes Sportzentrum für Tennis, Basketball und andere Sportarten und für andere Veranstaltungen. Es gibt eine Eislaufbahn und ein Schwimmbad. Außerdem finden zahlreiche Rock- und Popkonzerte statt mit Platz für etwa 12 000 Zuschauer.

Kino

Das Kinoprogramm steht in den Tageszeitungen. Es gibt Kinos für Erstaufführungen *(prime visioni),* für Filme in ihrer Originalsprache sowie Filmkunstkinos (*cinema d'Essay* und *Arte e Cultura*).

Anteo (F 2)

Via Milazzo 9
Tel. 026 59 77 32
Metro: M2 (Moscova)
Ein Programm-Kino, das montags Filme in ihrer Originalsprache zeigt. Es hat eine sehr nette Bar, das empfehlenswerte Restaurant Osteria del Cinema, Tel. 02 29 01 14 75 und eine Film-Buchhandlung, in der man Bücher, Poster, T-Shirts, Filmmusik, Videos u. v. a. bekommt.

Cineteca Museo del Cinema (G 3)

Via Manin 2a
Tel. 026 55 49 77
www.cinetecamilano.it
Fr, Sa, So 15–19 Uhr, Eintritt: 3 €
Metro: M3 (Turati); Bus: 61, 94
Im alten Palazzo Dugnani kann man unter anderem die ersten Kameras, Plakate, Szenenentwürfe von Fellini bewundern. Hier läuft jeweils um 16, 17 und 18 Uhr ein Film.

Spazio Oberdan Cineteca Italiana (H 3)

Viale Vittorio Veneto 2
Tel. 02 77 40 63 00
www.cinetecamilano.it
Metro: M1 (Porta Venezia)
Tram: 9, 29, 30
Von Gae Aulenti und Carlo Lamperti entworfenes Kulturzentrum mit Ausstellungen und interessanten Filmvorführungen.

Feste & Festivals

Januar

Am 6. Januar **Dreikönigsumzug** mit Kamelen vom Dom zur Kirche Sant' Eustorgio.

Februar & März

Carnevale Ambrosiano, der am Aschermittwoch erst richtig beginnt und am darauf folgenden Wochenende mit einem großen Umzug auf dem Domplatz endet.

März

Festival del Cinema Africano, d' Asia e America Latina:
Auf verschiedene Kinos im Zentrum verteilt. www.festivalcinemaafricano.org
Giornata delle Porte Aperte:
Der FAI, ›Fondo Ambiente Italiano‹, öffnet normalerweise am dritten Wochenende kostenlos Kirchen, Parks und Palazzi, die man sonst nicht besichtigen kann.

Designzentrum Mailand

Schon in den 1920er-Jahren wurde Mailand zu einem Zentrum des italienischen Designs. Es fand zum ersten Mal eine ›Biennale der Dekoration und Künste‹ in Monza statt, die dann als ›Triennale‹ in einem Drei-Jahres-Rhythmus in dem 1933 von Giovanni Muzio erbauten Palazzo dell'Arte (heute Triennale) veranstaltet wurde. In den 1928 gegründeten Fachzeitschriften ›Domus‹ und ›Casabella‹ stellten die damals gerade aus dem Politecnico hervorgegangenen jungen Architekten ihre Kreationen vor. Vorbilder und Meister waren LeCorbusier und Mies van der Rohe.
Doch der wirkliche Designboom kam erst nach dem Zweiten Weltkrieg, als der beginnende Wohlstand die industrielle Produktion ankurbelte. Aus dieser Zeit stammen Namen wie Achille Castglioni, Vico Magistretti, Enzo Mari, Bruno Munari, Gio Ponti, Ettore Sottsass, Marco Zanuso.
Heute gibt es hier einige bekannte Designschulen wie die ›Domus Academy‹, das ›Istituto Europeo del Design‹ und die ›Scuola Politecnica del Design‹.

April

Stramilano: Internationaler Marathonlauf durch die Stadt.

Fiori sul Naviglio: Blumenmarkt mit etwa 200 Ständen an den *navigli*.

Mai

Pittori sul Naviglio Grande: Etwa 300 Maler stellen ihre Werke entlang dem Kanal aus.

Juni

Festa dei Navigli: Rings um die *navigli* findet ein Fest mit Marktständen, Theater- und Musikveranstaltungen statt.
Info bei: Associazione Naviglio Grande Tel. 02 89 40 99 71.

Notte Bianca: Eine Nacht, in der durchgehend an verschiedenen Orten Kunst, Musik, Theater und Tanz geboten wird. Meistens im Juni.

Juli & August

Estate all'Idroscalo: Auch an Mailands künstlichem See finden alle möglichen kulturellen und sportlichen Veranstaltungen statt.

Milano d'Estate: Konzerte, Theater- und Ballettaufführungen auch unter freiem Himmel.

September

Le vie del cinema: Anfang September wird in Mailand eine Auswahl von Filmen der Biennale in Venedig gezeigt. Es ist allerdings sehr schwer, Einzelkarten an den Abendkassen zu bekommen.

Formel-1-Rennen im ›Autodromo nazionale di Monza‹

Dezember

7. Dezember: Feierliche **Eröffnung der Scala-Saison** mit einer Oper.

Der sehr beliebte **Oh Bej, Oh Bej Markt** findet um den 7. Dezember (s. S. 115), dem Feiertag zu Ehren des Stadtpatrons Sant'Ambrogio auf der Piazza Castello statt. Viele hoffen, dass der Markt wieder in die Straßen rings um die Kirche Sant'Ambrogio zieht.

Aktiv in Mailand

Auch als Zuschauer immer in Aktion: feiernde Tifosi

Bäder

Centro Sportivo Lido (A 2)

Piazzale Lotto 15, Tel 02 39 27 91
Metro: M1 (Lotto)
Großes Sportzentrum mit Freibad, Tennisplätzen usw.

Centro Sportivo Mario Saini (östl. K 4)

Via Corelli 136, Tel. 027 56 12 80
Bus: 38
Großes Sportzentrum mit 12 Tennisplätzen, drei Schwimmbädern, etc.

Idroscalo (Idropark Fila)

Via Circonvallazione 29
Tel. 02 70 20 09 02
s. S. 97

Piscina Solari (C 6)

Via Montevideo
Tel. 024 69 52 78
Metro: M2 (Sant' Agostino)
Tram: 14; Bus: 61
Hallenbad und Bar.

Fitness & Wellness

Wer hätte gedacht, dass die Stadt des Business sich zur Stadt des Wellness entwickelt? In den letzten Jahren sind etliche Zentren entstanden, und viele größere Hotels bieten ihre eigenen Fitness- und Wellness-Center, die allen zugänglich sind. Das Bedürfnis nach Entspannung, Massagen und Körperpflege ist groß. Man wird in elegantem Ambiente mit Marmor und berauschenden Düften empfangen. Auch die Modezaren folgen diesem Trend.

Accademia del Bell'Essere (östl. K 5)

Via Mecenate 76
Tel. 025 09 87 01
www.accademiadelbellessere.com
Sehr beliebt sind die *Hot-Stone*-Massagen.

Down Town

Via del Vecchio Politecnico 4 (G 3)
Tel. 02 76 01 14 85
Mo–Fr 7–24, Sa, So 10–21 Uhr
Metro: M3 (Turati);
Piazza Diaz 6 (F 5)
Tel. 02 86 31 18 18
Mo–Fr 7–23 Sa, So 10–20 Uhr
Metro: M1, M3 (Duomo)
Down Town zieht vor allem Models und Manager in seinen Körperkultur-Bann.

Hammam delle Rose (J 3)

Viale Abruzzi 15
Tel. 02 29 41 16 53
Di–Fr 11.30–23, Sa 10.30–21,
So 10.30–19.30 Uhr

Das erste türkische Bad Mailands mit Dampf, Duft und orientalischer Musik für Damen; nur mit Termin, ab 70 €.

Moresko (A 4)
Via Rubens 19
Tel. 024 04 69 36
www.moresko.it
Mo, Mi–Fr 12–23,
Sa, So 10–22 Uhr
Metro: M1 (Piazza de Angeli)
Preise: Türkisches Bad u. Massagen 40–230, an Wochenenden ab 50 €, Vorbestellung empfohlen.
Dieses türkische Bad mit Whirlpool und heißem Oktagon für Massagen ist ein Begegnungszentrum, in dem Ausstellungen, Buchvorstellungen und Konferenzen stattfinden. Rechts ist die Zone der Herren, links die der Damen, in der Mitte eine gemeinsame Relaxzone, kleine Tische stehen auch im Innenhof. Es werden Tees, Aperitifs und kleine Gerichte serviert. Sa, So 12–16 Uhr Brunch (15 €), Do–So 18–22 Uhr Oriental Happy Hour mit orientalischen Spezialitäten (ab 10 €).

Golf

Federazione Italiana Golf (östl K 5)
Comitato Regionale Lombardo
Via Piranesi 44
Tel. 02 70 10 74 10
Den nächsten Golfplatz (18-Loch) findet man im Parco di Monza.

Zuschauersport

Autorennen
Autodromo Monza
(s. Umgebungskarte)
Tel. 03 92 48 22 53 für Zuschauer
Tel. 03 92 48 21 für Selbstfahrer
www.monzanet.it
Hier finden die Formel-1-Rennen statt. An Wochenenden von Nov.–Feb. ohne Rennen kann man auch mit dem eigenen Fahrzeug über die 5,8 km lange Piste rasen.

Fahrrad
Velodromo Vigorelli (B 2)
Via Arona 19
Tel. 023 31 15 13
Die wichtigste Radrennbahn Italiens.

Fußball
San Siro (Stadio Calcistico Giuseppe Meazza, westl. A 2/3)
Via Piccolomini 5
www.acmilan.com
www.inter.it
Metro: M1 (Lotto), von dort Sonderbusse; Tram: 24
Jeden Sonntag gibt es mindestens ein Heimspiel, denn Mailand hat zwei Clubs in der Ersten Liga: ›Milan‹ (AC Milan) und ›Inter‹ (FC Internazionale Milano). Das 1990 für die Weltmeisterschaft ganz überdachte Stadion fasst 85 000 Zuschauer. Am besten sitzt man auf der *tribuna* in der Mitte. Karten erhält man im Vorverkauf bei den Fanclubs, in den Filialen der ›Banca Popolare di Milano‹ oder am Stadion (oft ausverkauft). Man hüte sich vor den *bagarini,* die zu Wucherpreisen z. T. gefälschte Karten verkaufen.

Pferderennen
Ippodromo del Trotto und del Galoppo (westl. A 2/3)
Piazzale dello Sport
Ecke Via Piccolomini
Tel. 02 48 21 61
Metro: M1 (Lotto); Tram: 24
Eine Trab- und eine Galopprennbahn im Stadtteil San Siro.

Sehenswert

Gehört zu den Highilghts: ein Bummel durch das pulsierende Navigli-Viertel

Stadtviertel

Brera-Viertel (F 3/4)

Rund um die Nationalgalerie Brera entstand eines der lebendigsten Szeneviertel der Stadt. Wo sich früher Künstler, Schriftsteller und Bohemiens in den kleinen, einst verschmähten und heute sehr beliebten Gassen trafen, haben Architekten die einfachen Häuser in luxuriöse Domizile verwandelt. Schicke Antiquitätenläden, Galerien, Lokale, Restaurants und Bars locken Kunden aus aller Welt an.

Highlight 1

Navigli-Viertel (D/E 7)

Bis in die 1970er-Jahre hatte auch Mailand sein eher berüchtigtes Hafenviertel. Heute ist hier eine der lebhaftesten Gegenden mit Lokalen, Trödelläden und noch immer existierenden Resten einer nicht ganz assimilierten Kultur mit autonomen Jugendzentren etc. (s. S. 116f.).

Rund um den Dom (F/G 5)

Das pulsierende Herz der Stadt ist tagsüber die Piazza del Duomo. Große politische Versammlungen, Wahlkampagnen und Kundgebungen finden heute dort statt, wo sich bis zum Anfang des 19. Jh. noch schöne alte Häuser dicht um den Dom drängten. Die Stadt hat sich in immer breiter werdenden Kreisen um das Bauwerk entwickelt.

Rings um die Università Statale (G 5)

Wo einst der *laghetto* (kleiner See) war, auf dem der Marmor für den Dombau über ein raffiniertes Kanalsystem vom Lago Maggiore ankam, treffen sich heute die Studenten. Man werfe einen Blick in die Kirche **San Bernardino alle Ossa** (od. dei Morti), eine mit Totenschädeln und Knochen geschmückte Kapelle in spektakulärem Kerzenlicht, wohl das ›Barockeste‹, was Mailand zu bieten hat.

Ticinese (E 6/7)

Am lebhaften Corso di Porta Ticinese, der mit seinen Lokalen und Geschäften modisch, jung, multiethnisch und alternativ ist, stehen zwei der wichtigsten

Mailands anderes Gesicht

Bei einem Spaziergang im ältesten Teil der Stadt, in den engen Gassen zwischen dem Corso Magenta und der Via Torino, lernt man ein anderes Gesicht Mailands kennen.

Basiliken der Stadt: San Lorenzo und Sant'Eustorgio. Die antiken Marmorsäulen vor dem Hauptportal von San Lorenzo bilden zusammen mit der Kirche und dem mittelalterlichen Stadttor ein ›Epochen-Konglomerat‹.

Zwischen Sant'Ambrogio und Corso Magenta (D 5)

In diesem vornehmen Stadtteil, wo man auf den Spuren des römischen Mailand wandeln kann, wohnen seit Generationen feine, alteingesessene Familien in Häusern mit schönen Innenhöfen und Parks, die man hinter den schlichten Fassaden oft kaum vermutet.

Quartiere Isola (F 1)

Isola heißt auf Italienisch Insel: nur eine Brücke über die Bahnlinie verbindet diesen Stadtteil hinter der Stazione di Porta Garibaldi mit der Stadt. Einst lebten Arbeiter in den Häusern des 19. und 20. Jh, heute siedeln sich immer mehr Künstler und Jugendliche hier an, Lokale und Galerien eröffnen.

Die Gegend hinter der Stazione di Porta Genova (C/D 6/7)

Zwischen der Via Savona und der Via Tortona residieren jetzt in den großen ehemaligen Fabrikhallen die Showrooms der Modezaren, Fotoateliers und Lokale. Es begann mit dem riesigen ›Superstudio‹, in dem jedes Ambiente für Fotoservices geboten wird. Staunend sahen die Alteingesessenen hier immer mehr Models auf dem Weg zum ›Teatro Armani‹ oder zum Laufsteg von Ermenegildo Zegna an ihren noch einfachen Krämerläden vorbeiziehen. Hier werden nicht mehr Schrauben, sondern Image, Kultur und Entertainment produziert. Während der Möbelmesse findet hier der ›Fuori Salone Zona Tortrona‹ mit Design-Events statt.

Gebäude, Straßen & Plätze

Arco della Pace (D 3)

Piazza Sempione
Tram: 1, 29, 30; Bus: 61
Der Arco della Pace, gekrönt von einer sechs Rosse lenkenden Jungfrau, blickt vom Ende des Parco Sempione auf das Castello Sforzesco. Der Torbogen wurde 1807 zu Ehren Napoleons begonnen. Doch Waterloo machte dem großen Kaiser einen Strich durch die Rechnung: Aus dem Triumphbogen wurde der Friedensbogen. Die neuen Herrscher aus dem Habsburger Kaiserhaus ließen ihn weiterbauen und weihten 1838 das Tor ein. Wie auf dem napoleonischen Corso Sempione blieb auch hier etwas vom Pariser Flair erhalten.

Arena (E 3)

Via Legnano
Tram: 3, 4, 12, 14; Bus: 57
Anfang des 19. Jh. mit 30000 Plätzen erbaut, diente die Arena für Spiele jeder Art: geflutet für Wasserfeste mit venezianischen Gondeln oder für große Schiffsschlachten, trockengelegt für Rit-

Unterwegs mit der Straßenbahn

In der verkehrsverstopften Stadt sind die Straßenbahnen ideal: man sieht viel und kommt überall schnell hin. Man merke sich vor allem die Nr. 29 und Nr. 30 sowie die Nr. 9, die in einem Kreis ums Zentrum, die Bastioni, d. h. an der ehemaligen Spanischen Mauer entlang fahren, und in die Nähe vieler Sehenswürdigkeiten führen. Die Nr. 1 und die Nr. 2 fahren quer durchs Zentrum.

terturniere und Wagenrennen. Heute finden hier Sport- und Musikveranstaltungen statt.

Ca'Grande (Università Statale, G 5/6)

Via Festa del Perdono
Metro: M3 (Missori)
Tram: 12, 27; Bus: 54, 60, 65, 94
Die Universität könnte nicht schöner untergebracht sein, als in den Gemäuern des 1456 unter Francesco Sforza von Filarete begonnenen Ospedale Maggiore, das bis 1942 als Krankenhaus diente. Sehenswert sind die Innenhöfe.

Casa degli Omenoni (F 4)

Via degli Omenoni 3
Bus: 61

Jugendstil

Zu Beginn des 20. Jh. ›blühte‹ überall der Jugendstil und war Ausdruck des neuen, reichen Bürgertums, auf Italienisch *stile liberty* oder auch *stile floreale* genannt, wegen der vielen steinernen Blumen. Schaut man nach oben, so entdeckt man im Zentrum und in besseren Wohngegenden, wie zwischen dem Corso Magenta und dem Corso Sempione immer wieder Art-Nouveau-Details. Vor allem im Corso Venezia (z. B. Palazzo Castiglioni N. 47) und den umliegendenden Straßen stehen Jugendstil-Häuser. Das spektakulärste ist die **Casa Galimberti** in der Via Malpighi 3 mit großen auf Kacheln gemalten Figuren inmitten von Pflanzen. Viele Jugendstil-Häuser stehen auch in der Via Pisacane.

Dieser Mitte des 16. Jh. erbaute Palast ist in Mailand einzigartig. Den Namen (Mailänder Dialekt für ›große Männer‹) gaben ihm acht steinerne Atlanten, die das erste Stockwerk tragen. Der Hausherr Leone Leoni (1509–90), ein erfolgreicher Bildhauer und Medailleur und Freund des Toskaners Pietro Aretino, hat sich selbst im Gesims über der zentralen Tür neben zwei Löwen verewigt, die über einen Satyr (Symbol der niederen Natur und des Lasters) herfallen.

Casa Fontana Silvestri (G 4)

Corso Venezia 10
Metro: M1 (San Babila); Bus: 94
Das Gebäude ist der einzige erhaltene Renaissance-Palast aus der Sforza-Zeit. Die Gestaltung der Fassade, des Portals und des schönen Innenhofs wird Bramante zugeschrieben.

Casa di Riposo Giuseppe Verdi (B 4)

Piazza Buoanarroti 29
tgl. 10–12, 14.30–18 Uhr
Metro: M1 (Buoanarroti/Wagner)
Verdi, Italiens meistgeliebter Opernkomponist, ließ 1889 diesen Alterssitz für mittellose Musiker errichten und nannte ihn ›Mein liebstes Werk‹. Von der Piazza blickt sein gutes Porträtstandbild von Enrico Butti auf das Haus. In einer Kapelle des Innenhofs wurden Verdi und seine zweite Frau, Giuseppina Strepponi, beigesetzt – die einzigen Toten Mailands, die nicht in Kirchen oder auf Friedhöfen ruhen.

Highlight 2

Castello Sforzesco (E 4)

Piazza Castello
Metro: M1 (Cairoli)

Das Castello Sforzesco

Tram: 1, 14, 27; Bus: 57, 70, 94
Das nach der Familie Sforza benannte Castello Sforzesco ist ebenfalls eines der Wahrzeichen der Stadt. Es wurde im 14. Jh. als Burg der Visconti erbaut, dann zerstört, wieder errichtet, erweitert und zum Anfang des 20. Jh. renoviert. Ganz so echt und alt, wie die mächtige Burg ausschaut, ist sie also nicht. Ihre Blütezeit erlebte sie unter Lodovico il Moro, der Künstler wie Bramante und Leonardo da Vinci an seinen Hof rief. Während diverser Fremdherrschaften wurde das Schloss als Kaserne und Truppenübungsplatz genutzt. Erst 1893 ging es in Stadtbesitz über und wurde zu einer Museen-Zitadelle, die seither einige interessante Kunstsammlungen beherbergt (s. S. 93).

3

Highlight

Galleria Vittorio Emanuele II (F 4/5)

Piazza del Duomo/Piazza della Scala
Metro: M1 und M3 (Duomo)
Tram: 1, 2
Ein Triumphbogen lädt in den ›Salon‹ Mailands ein, in die 1865 nach den Plänen Guiseppe Mengonis errichtete Galerie, die nach dem ersten König des geeinten Italiens benannt ist. Hier treffen sich die alten Mailänder sonntags zu ei-

Die Galleria Vittorio Emanuele II

nem Bitter im ›Zucca‹ und zum kleinen Spaziergang, *quater pass in Galleria.* Die mit Glas und Stahl gedeckte Passage, eine Verbindung zwischen Domplatz und Scala, galt im 19. Jh. als Symbol des Fortschritts. Das Bodenmosaik unter dem Oktagon mit den Stadtwappen von Mailand, Rom, Florenz und Turin muss regelmäßig ›restauriert‹ werden, denn sowohl die echten Mailänder als auch Touristen aus aller Herren Länder folgen dem Brauch, nach dem eine Drehung auf den Hacken auf den Attributen des Turiner Stiers Glück bringt. Cafés, Restaurants, Buchläden, feine Geschäfte und leider auch Fast-Food-Lokale locken die Besucher an.

Palazzo Litta (E 4)

Corso Magenta 24
Tram: 19, 24; Bus: 18, 50, 54, 58
Nach den Plänen von Francesco Maria Richini (1648) für den Grafen Arese erbaut, beherbergt der prächtige Barock-Palast mit Rokoko-Fassade von 1763 heute neben dem Sitz der Eisenbahnverwaltung auch ein kleines Theater.

Palazzo Marino (F 4)

Piazza della Scala
Metro: M1 und M3 (Duomo)
Tram: 1, 2
Dieses Beispiel manieristischer Zivilarchitektur wurde in der Hochrenaissance von Galeazzo Alessi im Auftrag des

reichen Genueser Bankiers Tomaso Marino erbaut und ist seit 1859 Sitz der Mailänder Stadtverwaltung.

Palazzo Reale (F 5)

Piazza del Duomo
Metro: M1 und M3 (Duomo)
Das vom Erbauer der Scala, Piermarini, klassizistisch umgestaltete Visconti-Schloss aus dem 14. Jh. heißt seit der Einigung Italiens Palazzo Reale. Heute finden hier große und wichtige Ausstellungen statt. Der linke Flügel beherbergt das sehr sehenswerte Museo del Duomo (s. S. 93).

Highlight 4

Piazza dei Mercanti (F 5)

Metro: M1 (Cordusio) und M3 (Duomo)
Zwei Schritte vom Dom entfernt taucht man auf diesem kleinen, malerischen Platz, einst Mittelpunkt des mächtigen, mittelalterlichen Mailands in eine andere Welt ein. Sein ältester Bau, der Palazzo della Ragione (Broletto) von 1233, war früher das Rathaus. Heute sind hier Banken und Büros. Das Reiterrelief fertigte angeblich Benedetto Antelami an, einer der größten Bildhauer des 13. Jh. Gegenüber stehen die Loggia degli Osii von 1316 mit schwarzweißem Marmorschmuck sowie der Palazzo delle Scuole Palatine von 1645. Im Sommer kann man hier schön sitzen und ein Mahl zu sich nehmen.

Piazza San Fedele (F 4)

Metro: M1 und M3 (Duomo)
Tram: 1, 2; Bus: 61
Jesuiten beauftragten 1569 den Architekten Pellegrino Tebaldi mit dem Bau der Kirche San Fedele hinter dem Palazzo Marino, die eines der Symbole der Gegenreformation wurde. Als Lieblingskirche der feinen Gesellschaft kann man sie als Pendant zur Pariser Madeleine sehen. Das Denkmal auf dem Platz vor der Kirche feiert den ersten und berühmtesten Romanschriftsteller des Landes, Alessandro Manzoni (1785–1873).

Highlight 5

Pirelli-Hochhaus (H 1)

Piazza Duca d'Aosta
Metro: M2 und 3 (Stazione Centrale)
Manhattans Skyline stand schon lange, als man in Mailand zum ersten Mal das alte Gebot brach, kein Gebäude dürfe höher sein als die goldglänzende Madonnina auf der höchsten Spitze des Doms. Der ästhetisch gelungenste Wolkenkratzer der Stadt (127 m hoch), den Giò Ponti 1955 am Hauptbahnhof erbaute, ist seit 1979 Sitz der lombardischen Regierung. Großen Schrecken erregte das kleine Schweizer Flugzeug, das 2002 in das Hochhaus flog und mehrere Tote und Verletzte hinterließ.

Rotonda della Besana (H 6)

Viale Regina Margherita
Tram: 9, 29, 30
Anfang des 18. Jh. als Friedhofskirche des Ospedale Ca' Granda erbaut, dient der originelle Bau jetzt Ausstellungen. Von einer runden, von Arkaden gesäumten Mauer umgeben, lockt das Gelände ringsum Mütter mit kleinen Kindern.

Stazione Centrale F. S. (Hauptbahnhof, H 1)

Piazza Duca d'Aosta
Metro: M2 und 3 (Stazione Centrale)
Der Architekt Ulisse Stacchini formulierte sein Bauprojekt für den neuen Hauptbahnhof in alexandrinischen Ver-

Mailands weltberühmtes Opernhaus: Teatro alla Scala

sen. Entsprechend bombastisch wirkt das 1912 begonnene, von den römischen Caracalla-Thermen inspirierte, mit patriotischen Mosaiken geschmückte Bauwerk. Erst 1931 wurde es eingeweiht und passte glänzend zu Mussolinis ›Großmannsträumen‹. Der frühere Jugendstilbahnhof wurde als Kornspeicher in Vizzola Ticino, in der Nähe des Flughafens Malpensa, wieder aufgebaut und dient heute, prächtig restauriert, als Hotel und Restaurant.

Highlight 6

Teatro alla Scala (F 4)

Piazza della Scala
Tram: 1, 2

Nur zwei Jahre brauchte der Hofarchitekt Guiseppe Piermarini, um das 1778 mit Antonio Salieris Werk ›L'Europa riconosciuta‹ eingeweihte neue Opernhaus im Auftrag der österreichischen Kaiserin Maria Theresia zu erbauen. Seinen Namen erhielt der Musiktempel von der an dieser Stelle abgerissenen Kirche Santa Maria delle Scala aus dem späten 15. Jh. Das äußerlich schlichte, innen prächtig ausgestattete, klassizistische Gebäude hat nicht nur Musik- und Operngeschichte von Weltrang geschrieben. Es wurde auch zum Zentrum des *Risorgimento,* des nationalen Aufstands gegen die österreichische Fremdherrschaft. Der Schlachtruf »Viva Verdi« stand für »Viva Vittorio Emanuele, Re d'Italia«. 1943 von alliierten Bomben fast ganz zerstört, wurde die Scala in Rekordzeit wieder aufgebaut und am 11. Mai 1946 neu eröffnet. Am Pult dirigierte der während der Herrschaft der Faschisten nach Amerika emigrierte Arturo Toscanini.

Zwei Jahre lang wurde das Theater durch den Schweizer Stararchitekten Mario Botta restauriert und mit einer speziellen Drehbühne versehen. Hinter der Fassade sieht man jetzt den Theaterturm und einen hohen, ellipsenförmigen Bau.

Kirchen

Abazia di Chiaravalle

Via Arialdo (am südlichen Stadtrand)
Metro: M3 (Piazzale Corvetto)

Bus: 93, 95 bis Piazzale Rosa, dann Bus 77
Die Zisterzienserabtei, 1135 von Bernhard von Clairvaux selbst gegründet, 1796 in der Repubblica Cisalpina Napoleons säkularisiert und zur Kaserne und zum Stall umfunktioniert, wird seit 1952 wieder von Zisterziensern bewohnt und ist öffentlich zugänglich. Die Fresken im gotischen Innern stammen von Bernardino Luini. Nebenan verkaufen die Mönche ihren Schnaps.

Highlight 7

Duomo Santa Maria Nascente (F 5)

Piazza Duomo
tgl. 7–19 Uhr
Metro: M1 und M3 (Duomo)
»Long come la fabrica del Domm«, so sagt man in Mailand zu den Dingen, die kein Ende nehmen, denn die Bauhütte des Doms ist bis heute nicht geschlossen. 1386 unter Gian Galeazzo Visconti begonnen, hat dieser gewaltige, gotische Bau von jeher das Stadtbild geprägt. Zurzeit ist die Fassade allerdings noch wegen Restaurierungsarbeiten zum Teil verhüllt. Um ihn zu errichten, musste ein ganzes ›Marmorgebirge‹ über künstliche Wasserstraßen vom Lago Maggiore und über die *navigli* herbeigeschifft werden. Von den einen als ›Zuckerbäcker-Meisterwerk‹ gescholten, von anderen hoch gelobt, ist das imposante Gotteshaus mit seiner Länge von 158 m und Grundfläche von 11 700 m^2 das drittgrößte des Abendlands. Man sollte auf jeden Fall einmal um den Dom herum gehen. So feierlich das fünfschiffige Innere mit dem dreischiffigen Querhaus im Dämmerlicht wirkt, das durch die hohen, bemalten Glasfenster dringt, so verspielt erscheint das Dach mit den 3400 Statuen und Türmchen. Mit der 4 m hohen, vergoldeten Madonnina auf der höchsten Spitze ragt das Wahrzeichen Mailands bis in 108,5 m Höhe.

Bei der Besichtigung des Doms sollte man nicht vergessen, zu den Fragmenten der Urkirche Santa Tecla hinabzusteigen. Dort im Baptisterium hat der hl. Ambrosius 387 den Kirchenvater Augustinus getauft (Eintritt 1,50 €).

Sicht auf die Alpen

Der Besuch der Dachterrasse des Doms ist an klaren Tagen absolut lohnend. Zwischen Skulpturen blickt man auf die Dächer der Stadt und genießt die fantastische Sicht auf den schneeschimmernden Kranz der Alpen (zu Fuß: 5 €, mit dem Lift: 7 €, Sammelkarte für Lift und Dommuseum 7 €, s. S. 93, 9–16.15 März–Nov. bis 17.45 Uhr).

San Lorenzo Maggiore (E 6)

Corso di Porta Ticinese
Tram: 3; Bus: 94
Die Basilika (s. a. S. 115) aus dem 4. Jh. ist ein frühchristlicher Zentralbau. Mehrmals abgebrannt und eingestürzt erneuerte man sie im 16. Jh., ohne ältere Teile abzureißen. Dadurch entstand ein faszinierendes Nebeneinander verschiedener Stile. Den schönsten Blick hat man von hinten. Da sieht man, wie sich die oktagonale Kapelle S. Aquilino, die Sakristei und die Kapellen Sant'Ippoloto und San Siro um den Zentralbau gruppieren. Die älteste Kapelle wurde angeblich von Galla Placidia, der Tochter des Kaiser Theodosius, als eigenes Grabmal errichtet. Vor der Fassade steht das Denkmal Kaiser Konstantins, der im Jahre 313 das Toleranzedikt erließ. Ob

Ideales Verkehrsmittel in Mailand – die Straßenbahn

die 16 römischen Säulen vor der Kirche einst zu einem Tempel oder zu einem Palast gehörten, ist ungeklärt.

San Maurizio al Monastero Maggiore (E 5)

Corso Magenta, Ecke Via Luini
Tram: 19, 24; Bus: 18
Sehenswert ist die mit Fresken von Bernardino Luini (um 1525) ausgemalte Renaissance-Kirche. Da sie zu einem Nonnenkloster gehörte, wird sie im Innern durch eine Wand unterteilt. Auf einer Seite saßen die Nonnen und auf der anderen die übrigen Gäubigen. Bei Konzertabenden – ›Musica e Poesia a San Maurizio‹ – wird auch auf einer hölzernen Orgel aus dem 16. Jh. gespielt.

San Marco (F 3)

Piazza San Marco
Metro: M2 (Lanza); Bus: 61
Neben der Kirche aus dem 13. Jh. steht das ehemalige Augustinerkloster, in dem Luther auf seinem Weg nach Rom weilte. Auch Mozart hat hier bei seiner ersten Italienreise gewohnt. Sehenswert sind im Innern der von Giovanni di Balduccio gefertigte Sarkophag und ein Fresko mit einer Kreuzigung.

San Maria Presso San Satiro (F 5)

Via Torino
Metro: M1 und M3 (Duomo)
Tram: 2, 3, 8
Die im 9. Jh. zu Ehren des Bruders des hl. Ambrosius gegründete Kirche San Satiro wurde 1482 von Bramante umgebaut und aus Platzmangel mit einem im Flachrelief ausgeführten Scheinchor versehen. Diese perfekte Illusion (nur 90 cm tief!) zeigt, dass Bramante ein Meister der Perspektive war. Links hinter dem Querschiff liegt die ursprüngliche Kapelle Ansperto mit einer ›Pietà‹ von Agostino de Fonduti (1482). Hinter der Kirche steht ein typisch lombardischer, romanischer Glockenturm aus dem 9. Jh.

San Simpliciano (F 3)

Piazza San Simpliciano
Metro: M2 (Lanza)
San Simpliciano gehört mit Sant'Ambrogio, San Nazaro und der leider zerstörten Kirche San Dionigi zu den von Bischof Ambrosius im 4. Jh. gegründeten Kirchen. Bis zum 19. Jh. wurde sie immer wieder umgebaut und nur die Außenmauern blieben aus frühchristlicher Zeit erhalten. Man kann durch einen sehr schönen Kreuzgang wandeln.

Highlight 8

Sant'Ambrogio (D 5)

Piazza Sant'Ambrogio
Metro: M2 (Sant'Ambrogio)
Bus: 54, 50, 94
›Königin und Mutter‹ der romanischen Kirchen in der Lombardei, so wird Sant'Ambrogio bezeichnet (s. S. 114f.). Der Kirchenbau geht auf eine frühchristliche Basilika zurück, die 379 vom Bischof Ambrosius selbst gegründet wurde, der hier auch begraben wurde. Der heutige Bau stammt aus dem 12. Jh., der schöne Glockenturm der *monaci* (Benediktinermönche) allerdings noch aus dem 8. Jh.

Am besten betritt man die Kirche von ihrem schönen Atrium aus, denn so ist man schon auf die feierliche Atmosphäre eingestimmt, die den Besucher im dreischiffigen, mit vielen Kunstschätzen bereicherten Innern erwartet. Hier seien nur einige erwähnt: Im Chor tragen vier antike Porphyrsäulen das Ziborium aus dem 10. Jh., das vergoldete Stuckreliefs schmücken. Der goldene Altar des Meisters Volvinius ist ein bedeutendes Goldschmiedewerk aus dem 9. Jh. mit Szenen aus dem Leben Christi und des hl. Ambrosius. Die Mosaiken der Apsis stammen aus dem 9.–10. Jh. Die Kapelle San Vittore im rechten Querschiff war vielleicht eine Apsis der ursprünglichen Basilika. Das Mosaik aus dem 5. Jh. zeigt das Bildnis des hl. Ambrosius. Über einem Sarkophag aus dem 4. Jh. erhebt sich die Kanzel. Das ungewöhnlichste Werk ist jedoch die sagenumwobene, bronzene Schlange auf einer römischen Säule im Mittelschiff.

Sant'Eustorgio (E 6/7)

Piazza Sant'Eustorgio
Tram: 3, 9, 15, 29, 30
Die im 4. Jh. gegründete Kirche (s. S. 115) wurde mehrmals erweitert und immer wieder umgebaut. Der heutige Bau stammt aus dem 13. Jh. Eine schöne Perspektive hat man von der Via Santa Croce auf die vielen Seitenkapellen der Adelsfamilien, die in der **Capella Portinari** enden – der ›Kirche außerhalb der Kirche‹.

Der dreischiffige romanische Innenraum birgt viele Kunstwerke. Ein architektonisches Kleinod ist die 2001 restaurierte Renaissance-Kapelle, die der Florentiner Bankier Portinari von dem aus Florenz stammenden Architekten Michelozzo hinter der Apsis errichten ließ. Sie ist dem ermordeten Bischof San Pietro Martire geweiht (Eintritt 6 €, Di–So 10–18 Uhr, Mo geschl.). Kostbar sind die Fresken des Lombarden Vin-

Parco delle Basiliche

Man sollte auf jeden Fall einen Spaziergang im Parco delle Basiliche zwischen den beiden Kirchen San Lorenzo und Sant' Eustorgio machen, denn der Blick von hinten auf San Loren- zo ist der schönste (s. S. 9

cenzo Foppa – sie gelten als ein Hauptwerk des Meisters aus Brescia – und prachtvoll ist der Sarkophag, den Karyatiden des toskanischen Bildhauers Giovanni di Balduccio (14. Jh.) tragen.

Santa Maria della Passione (H 5)

Via Conservatorio
Bus: 54, 61

Die 1486 nach einem Entwurf von Giovanni Battigio aus Lodi – der sich wiederum an Zentralbauten Bramantes orientierte – begonnene Kirche wurde 1573 erweitert, indem man den ursprünglichen Grundriss eines griechischen Kreuzes in ein lateinisches umwandelte. Jetzt gilt sie nach dem Dom als die größte Kirche der Stadt, in der man Fresken und Gemälde vieler lombardischer Künstler größtenteils aus dem 16. Jh. findet. In dem ehemaligen Kloster ist neben dem Kirchenmuseum das Conservatorio di Musica Giuseppe Verdi untergebracht (s. S. 73).

Santa Maria delle Grazie (D 4)

Piazza S. Maria delle Grazie 2
Metro: M1 (Conciliazione)
Tram: 20, 24, 29, 30

Die von Guiniforte Solari ursprünglich gotisch konzipierte Kirche avancierte durch die 16-eckige Bramante-Kuppel und das prächtige Portal zu einem der wichtigsten Renaissance-Bauten Mailands. Sie gehört zu dem Dominikanerkloster, in dessen Refektorium Leonardo da Vinci sein berühmtes ›Abendmahl‹ (s. S. 112f.) malte. Am 18. August 1943 zerstörte ein Bombenhagel das Kloster. Wie durch ein Wunder blieb die Wand mit dem Abendmahl jedoch stehen. Ein kleiner Kreuzgang mit schönem Blick auf die Kuppel lohnt den Besuch.

Kunst am Grab auf dem Cimiterio Monumentale

Museen

Kostenlosen Eintritt in die staatlichen Museen erhalten Angehörige der EU unter 18 und über 60 Jahre. Museen sind in der Regel von 9.30 bis 17.30 Uhr geöffnet und montags geschlossen.

Da die Öffnungszeiten Änderungen unterliegen können, ist es ratsam, sich in der Tageszeitung ggf. über die aktuellen Zeiten zu informieren.

Aquarium (E 3)

Viale Gadio, 2
(Parco Sempione)
www.verdeacqua.eu
Di–So 9–13, 14–17.30 Uhr
Metro: M2 (Lanza)
Eintritt: frei
Nach langen Restaurierungsarbeiten kann man hier Süß- und Salzwasserfische in 150 Bassins bestaunen.

Villa Belgiojoso Bonaparte Museo dell'Ottocento e PAC (G 3)

Via Palestro 16
Tel. 02 76 34 08 09
www.villabelgiojosobonaparte.it
Di–Fr 9–13,
14–17.30 Uhr
Metro: M1 (Palestro),
M3 (Turati)
Eintritt: frei
In den Räumen der Villa Belgiojoso, einem weitläufigen Stadtpalais, sind Werke der europäischen Malerei des 18. und 19. Jh. ausgestellt. Das von Marini 1973 selbst gestiftete Marino-Marini- Museum mit Werken dieses bedeutenden Bildhauers ist sehenswert.

Das angrenzende, 1954 vom Architekten Ignazio Gardella errichtete PAC (Padiglione d'Arte Contemporanea), dient Ausstellungen zeitgenössischer Kunst.

9

Highlight

Cenacolo Vinciano (D 4)

Abendmahl von Leonardo da Vinci im Refektorium des Klosters von Santa Maria delle Grazie (s. o. und S. 112f.). Die Vorbestellung ist obligatorisch, für Wochenenden Monate im Voraus. Zu jeder Viertelstunde werden nur 25 Besucher hereingelassen, da das unersetzliche Werk stark gefährdet ist. Daher empfiehlt es sich, sehr frühzeitig vorzubestellen:
Tel. 02 89 42 11 46
www.cenacolovinciano.org
Di–So 8.15–18.45 Uhr,
Mo geschl.
Metro: M1 (Conciliazione)
Tram: 20, 24, 29, 30
Eintritt: 6,50 € + 1,50 € für Reservierung

10

Highlight

Cimitero Monumentale (D/E 1)

Piazzale Cimitero Monumentale
Tel. 02 88 46 56 00
Di–So 8–18 Uhr,
Mo geschl.
Tram: 4, 12, 14, 29, 30
Bus: 41, 52, 70

Leonardo da Vincis Abendmahl

Sollte man keine Eintrittskarte für das Abendmahl von Leonardo da Vinci bekommen, kann man einen ›Giro della Città‹ buchen (s. S. 22), der den Besuch des 1999 äußerst aufwendig und kostspielig restaurierten Kunstwerks ermöglicht.

Das Refektorium (ganz links) von Santa Maria delle Grazie birgt Leonardos Abendmahl

Dieser 1866 gegründete Friedhof ist ein interessantes Freilichtmuseum der italienischen Bildhauerei des 19. und 20. Jh. (s. Tour 2, S. 110f.).

Civico Museo Archeologico (E 5)

Corso Magenta 15
Di–So 9–13, 14–17.30 Uhr, Mo geschl.
Metro: M1, M2 (Cadorna); Tram: 19, 24
Eintritt: 2 €
Im ehemaligen Monastero Maggiore, das zur benachbarten Kirche San Maurizio gehörte, wird eine griechische, eine römische und eine etruskische Abteilung gezeigt. Die Exponate aus römischer Zeit stammen hauptsächlich aus städtischen Funden. Im Garten stehen noch Teile der römischen Stadtmauer.

Civico Museo del Risorgimento (F 3)

Via Borgonuovo 23
www.museidelcentro.mi.it
Di–So, Feiertage 9–13, 14–17.30 Uhr, Mo geschl.
Metro: M3 (Monte Napoleone)
Tram: 1, 2
Eintritt: 2 €
Historische Sammlung aus der Zeit des italienischen *Risorgimento*: vom ersten Feldzug Napoleons bis zur Einigung Italiens.

Eintritt frei

Die Museen Museo Archeologico Castello Sforzesco, Museo di Storia Naturale und das Museo del Risorgimento sind Fr nach 14 Uhr gratis. Ansonsten gibt es eine Sammelkarte für 7 €, die 3 Tage gültig ist.

Civico Museo di Storia Naturale (H 3)

Corso Venezia 55
Di–Fr 9–17.30,
Sa, So u. Feiertage 9.30–18.30 Uhr
Metro: M1 (Palestro), M3 (Turati)
Eintritt: 3 €
Mineralogische, zoologische und paläontologische Sammlungen mit schönen, sehr naturgetreuen Tiermodellen.

Fondazione Arnaldo Pomodoro (B 7)

Via Andrea Solari 35
Tel 02 89 07 53 94
www.fondazionearnaldopomodoro.it
Mi–So 11–18, Do 11–22 Uhr

Tram: 14; Bus: 68
Eintritt: 7 €
In einer riesigen ehemaligen Fabrik befindet sich die Stiftung mit Werken des Meisters nebst wechselnden Ausstellungen, einer Bibliothek, Videothek und Caféteria.

Fondazione Mazzotta (E 4)

Foro Bonaparte 50
Tel. 02 87 81 97
www.mazzotta.it
Di–So 10–19.30, Di, Do bis 22 Uhr
Mo geschl., bei Ausstellungen geöffnet
Metro: M1 (Cairoli), M2 (Lanza)
Tram: 1, 14, 27; Bus: 70, 94
Eintritt: 8 €

Der Kunstbuchverleger Mazzotta hat Mailand mit diesem weiträumigen, zweistöckigen Ausstellungsraum reich beschenkt. Auch wichtige Museen aus aller Welt schicken Teile ihrer Sammlungen für zeitweilige Ausstellungen hierher.

Hangar Bicocca (nördl. H 1)

Via Chiese, 2,
eine Seitenstraße der Viale Sarca
Tel. 028 53 53 17 64
Mobil-Tel. 33 57 97 82 14
www.hangarbicocca.it
Metro: M1 (Sesto Marelli) und
M3 (Zara), dann weiter mit Bus 51

Die ›Sette Palazzi Celesti‹ von Anselm Kiefer kamen 2004 als Dauerinstallation nach Mailand. Die riesige ehemalige Industriehalle mit den sieben monumentalen Türmen aus Zement wirkt wie eine mittelalterliche Kathedrale.

Museo d'Arte e Scienza (E 4)

Via Q. Sella 4
www.museoartescienza.com
Mo–Fr 10–18, Sa, So geschl.
Metro: M1 (Cairoli) und M2 (Lanza)
Tram: 1, 14; Bus: 57, 70, 94
Eintritt: 8 €
Dieses von G. Matthaes aus Dresden zusammengestellte didaktische Museum lehrt an Beispielen, wie man Kunstfälschungen erkennen kann. Neu ist die Dauerausstellung über Leonardo da Vinci. Alle Erklärungen und Informationen sind auch auf Deutsch.

Museo Bagatti Valsecchi (G 4)

Via Santo Spirito 10
www.museobagattivalsecchi.org
Di–So 13–17.45 Uhr,
Mo geschl.
Metro: M3 (Monte Napoleone)
Eintritt: 8, Mi 3 €
Dieses Museum ist zusammen mit dem Poldi Pezzoli eines der wenigen Privat-

Schiffsmodelle im Museo della Scienza e della Tecnica

häuser in Italien, die von ihren Besitzern im Testament zu Museen bestimmt wurden. Im Renaissance-Palast sind Produkte des lombardischen Handwerks, Möbel, Teppiche, Gemälde, Keramiken und Waffen ausgestellt.

Musei del Castello Sforzesco (E 4)

Piazza Castello
www.milanocastello.it
Di–So 9–17.30 Uhr, Mo geschl.
Metro: M1 (Cairoli), M2 (Lanza)
Tram: 1, 14, 27
Bus: 57, 70, 94
Eintritt: 3 €

Das Castello Sforzesco beherbergt zahlreiche kostbare Sammlungen: Gemälde, bedeutende Skulpturen, eine reiche Instrumentensammlung, Möbel, Waffen, Drucke, Keramik; griechische, römische, langobardische und karolingische Münzen und Medaillen sowie eine prähistorische und eine ägyptische Abteilung. Die Biblioteca Trivulziana besitzt neben kostbaren Manuskripten und Inkunabeln eine Handschrift von Leonardo da Vinci (s. S. 113). Die Sammlung romanischer, gotischer und Renaissance-Skulpturen enthält das letzte Werk von Michelangelo, die ›Pietà Rondanini‹. Der fast 90-jährige Künstler arbeitete im Jahr 1564 bis vier Tage vor seinem Tod an dieser Plastik, hinterließ sie aber unvollendet.

Museo Diocesano (E 6)

Corso di Porta Ticinese 95
Tel. 02 89 42 00 19
www.museodiocesano.it
Di–So 10–18 Uhr
Eintritt 8 €
Sammelkarte für Museo Diocesano, Capella Portinari und Capella di Sant'Aquilino in der Kirche San Lorenzo 12 €
Im Kreuzgang neben Sant'Eustorgio befindet sich das Museum mit kostbaren Bildern, Skulpturen und Reliquiaren.

Museo del Duomo (F 5)

Piazza del Duomo 14
www.duomomilano.it
Metro: M1 und M3 (Duomo)
z. Z. wegen Restaurierung geschl.
Im linken Flügel des Palazzo Reale kann man die Geschichte des Dombaus anhand von Modellen, Skizzen und Plänen nachvollziehen. Viele der hier aufbewahrten Skulpturen und Glasfrag-

mente werden so vor zerstörerischem Smog und Verschmutzung geschützt.

Museo del Giocattolo e del Bambino (östl. K 3)

Palazzo dei Martinitt, Via Pitteri 56
Tel. 02 26 41 15 85
www.museodelgiocattolo.it
Mo–Fr 9.30–16,
Sa u. So 9.30–12.30, 15–18 Uhr
Metro: M2 (Lambrate), dann Bus: 75
Eintritt: 6, Kinder 4 €
In vier großen Räumen werden etwa 1500 europäische Spielzeuge vom Beginn des 18. Jh. bis 1950 ausgestellt.

Museo ›Inter & Milan‹/ San Siro (westlich A 2/3)

Via Piccolomini 5
www.acmilan.com, www.inter.it
Tel. 024 04 24 32
www.sansirotour.com
Mo–Sa 10–18 Uhr
auch 2 Stunden vor Beginn der Fußballspiele
Eintritt: 12,50 €
Man besichtigt das Spielfeld, die verschiedenen Räume und Säle, in denen Fotos, Trophäen und Fahnen, Ehrentribüne etc. ausgestellt sind.

Museo Manzoniano (F 4)

Via Morone 1
Tel. 02 86 46 04 03
www.museidelcentro.milano.it
Di–Fr 9–12, 14–16 Uhr
Metro: M3 (Monte Napoleone) und M1, M3 (Duomo); Tram: 1, 2
Eintritt: frei
Wohn- und Sterbehaus von Alessandro Manzoni mit Dokumenten, Erinnerungsstücken, Bildern und Manuskripten des großen italienischen Schriftstellers (1785–1873); sein Hauptwerk ist das dramatische Geschichtsgemälde *I promessi sposi* (›Die Verlobten‹) über die Pest und die spanische Fremdherrschaft in der Lombardei.

Museo di Milano (G 4)

Via Sant'Andrea 6
Tel. 02 76 00 62 45
www.museidelcentro.milano.it
Di–So 14–17.30 Uhr
Metro: M3 (Monte Napoleone) und M1 (San Babila)
Eintritt: frei
Das interessante Museum dokumentiert die Geschichte Mailands mit anschaulichen Bildern einer Privatsammlung vom Spätbarock bis zum Anfang des 20. Jh. Im ›Appartamento Monumentale‹ sind Gemälde und chinesisches Porzellan zu sehen.

Museo Nazionale della Scienza e della Tecnica Leonardo da Vinci (D 5)

Via San Vittore 21
www.museoscienza.org
Di–Fr 9.30–17, Sa, So und Feiertage 9.30–18.20 Uhr, Mo geschl.
Metro: M2 (Sant'Ambrogio)
Bus: 50, 58, 94
Eintritt: 8 €
Fahrräder, Autos, Züge, Flugzeuge u. a., was Wissenschaft und Technik vom 15. Jh. bis heute hervorgebracht haben (s. S. 113). In dem ehemaligen Klostergebäude ist auch das **Museo Navale Didattico** mit Schiffsmodellen untergebracht.

11

Highlight

Museo Poldi Pezzoli (F 4)

Via Manzoni 12
www.museopoldipezzoli.it
Di–So 10–18 Uhr, Mo geschl.
Metro: M3 (Monte Napoleone) und M1 (Duomo); Tram: 1, 2

Eintritt: 7 €
Unter 18 Jahren und über 60: 5 €
Hier darf man die Schätze eines von Kunst besessenen Sammlers des 19. Jh. in der privaten Atmosphäre seines Hauses betrachten. Gian Giacomo Poldi Pezzoli, Junggeselle und Mäzen, bestimmte 1871, acht Jahre vor seinem Tod, dass sein Palast samt seiner Sammlung unverändert dem Publikum geöffnet werden sollte. Trotz der Bombenschäden von 1943 hat das Haus seinen Charakter bewahrt. Die Kollektion ist durch Schenkungen ständig erweitert und nach heutigen Kriterien geordnet worden. Fresken, Gemälde, Skulpturen großer Meister, kostbare Möbel, Teppiche, eine faszinierende Uhrensammlung, Porzellan, Glas und Schmuck machen das Museum zum schönsten ›Kunst-Sammelsurium‹ Mailands.

Museo Teatrale alla Scala (F 4)

Piazza Scala
Tel. 02 88 79 74 73
tgl. 9–12.30, 13.30–17 Uhr
Metro: M1 (Duomo), M3 (Montenapoleone); Bus: 61; Tram: 1, 2
Eintritt: 5 €
Alte Bühnenbilder, Porträts der berühmten Primadonnen, Sänger und Dirigenten sind nebst Büsten, Drucken, Noten- und Librettomanuskripten hier zu sehen. Außerdem sieht man antike Masken und Figurinen sowie westliche und fernöstliche Marionetten.

Pinacoteca Ambrosiana (F 5)

Piazza Pio XI 2
www.ambrosiana.it
Di–So 10–17.30 Uhr, Mo geschl.
Metro: M1 (Cordusio), M3 (Duomo)
Eintritt: 8 €
Die im 16. Jh. von Kardinal Federico Borromeo gegründete Sammlung umfasst Werke von Botticelli, Tizian, Tiepolo, Caravaggio, den einzigen erhaltenen Karton von Raffaels ›Schule von Athen‹ im Vatikan sowie das einzige Tafelbild, das Leonardo in Mailand malte, das ›Porträt eines Musikers‹. Die Ambrosianische Bibliothek war eine der ersten öffentlichen Bibliotheken Europas und hütet wichtige Handschriften, darunter den ›Codex Atlanticus‹ von Leonardo.

Mailands Denkmäler

Mailand hat viele schöne Denkmäler auch von bedeutenden Künstlern, die auf ihre Weise die Geschichte der Stadt erzählen. Sollte man an einem Montag vor verschlossenen Museumstüren stehen, so lohnt sich ein Entdeckungsmarsch durch die Stadt zu ihren Denkmälern.

Highlight 12

Pinacoteca di Brera (Galleria Nazionale, F 4)

Via Brera 28
www.brera.beniculturali.it
Di–So 8.30–19.15, Mo geschl.
(Kasse schließt jeweils 45 Min. vor Ende der Besuchszeit)
Metro: M2 (Lanza) und M3 (Monte Napoleone)
Bus: 61
Eintritt: 5 €
Das Nationalmuseum besitzt eine der größten Sammlungen ›Alter Meister‹, die nach der Eröffnung 1809 über 200 Jahre lang stetig weiterwuchs. Einen beträchtlichen Teil der Bilder ließ Napoleon aus säkularisierten Kirchen und Klös-

tern nach Mailand bringen. Zu den berühmtesten Werken zählen Piero della Francescas ›Madonna mit Engeln, Heiligen und dem Stifter Federico da Montefeltro‹, Mantegnas ›Toter Christus‹ und Raffaels ›Verlobung der Jungfrau Maria‹.

Società per le Belle Arti ed Esposizione PERMANENTE (G 3)

Via Turati 34
Tel. 026 59 98 03
www.lapermanente-milano.it
Öffnungszeiten je nach Ausstellung, Mo geschl.
Metro: M3 (Turati), Eintritt: 7 €
Hier finden große Ausstellungen statt.

Triennale (D 3)

Viale Alemagna 6
Tel. 02 72 43 41
www.triennale.it
Di–So 10.30–20.30 Uhr,
Mo geschl.
Metro: M1 und M2 (Cadorna)
Bus: 61
Eintritt: je nach Ausstellung 6–8 €
Sammelkarte bei mehreren Ausstellungen.

Grün ist rar in Mailand

Die im Palazzo dell'Arte eingerichtete Triennale dient Ausstellungen und Studien von Architektur, Design, Urbanistik, Ausstattungskunst, audio-visueller Kommunikation und Mode. Im Dezember 2007 wurde das lang ersehnte Museo del Design für wechselnde Exponate eingeweiht, Eintritt 8 €.

Parks & Gärten

Eine Stadtlegende berichtet, dass das einzige Grün in Mailand das der Ampeln sei. Diese Behauptung stimmt nicht ganz, doch das Grün ist hier weit gehend privat und hinter hohen Mauern und Häuserfronten verborgen. Manchmal erhascht man einen Blick auf verwunschene, völlig unerwartete Gärten, blickt man nach oben, so erspäht man Bäume auf Dachterassen. Durch einige Parks sollte man bei einem Mailand-Besuch doch spazierengehen.

Giardini di Villa Belgiojoso (G 3/4)

Via Palestro 16
Metro: M1 (Palestro)
Der schöne englische Park mit Pavillons und See – für Erwachsene nur in Begleitung von Kindern bis 12 Jahre zugelassen – ist der älteste der Stadt.

Giardini Pubblici (G/H 3)

Via Palestro,
Bastioni di Porta Venezia
Metro: M1 (Palestro) und M3 (Turati)
Die von dem Architekten der Scala, Giuseppe Piermarini, geplante Parkanlage im englischen Stil mit Statuen von Persönlichkeiten aus der Zeit des *Risorgimento* beherbergt auch das Museum für Naturgeschichte (s. S. 90) und ein Planetarium. Karussell, Eisenbahn und die Milch- und Joghurtbar ›Bianco‹ machen den Garten auch für Kinder attraktiv.

Idroscalo (Idropark Fila, östl. K 4)

Hinter dem Flughafen
Via Circonvallazione 29
Bus: 73 bis Linate, ab da Bus 926
Juni–Sept. Bus 927 oder ID
Der 2,5 km lange See wurde für Wasserflugzeuge geschaffen. Heute dient er allen möglichen Sportarten. Daneben gibt es auch Schwimmbäder, Tennis-

und Spielplätze, Restaurants, Discos, Pizzerien und Bars.

Parco delle Basiliche (E 6)

Piazza della Vetra
Tram: 3; Bus: 94

Die Grünanlage entstand nach den Bombardierungen des Zweiten Weltkriegs zwischen den beiden Basiliken San Lorenzo und Sant'Eustorgio. Man sollte sie unbedingt besuchen, um den gewaltigen Komplex von San Lorenzo

auch aus der Ferne bewundern zu können.

Die Anlage wurde unter lautem Protest eingezäunt, damit zum Beispiel der nächtliche Drogenhandel unterbunden werden kann.

Parco Sempione (D/E 3/4)

Metro: M1, M2 (Cadorna) und
M2 (Lanza); Tram: 29, 30
Am Rand der über 40 ha großen Parkanlage zwischen dem Castello Sforzesco und dem Arco della Pace stehen die Arena und nicht weit davon das Aquarium in einem Jugendstilhaus. Im englisch angelegten Park mit kleinen Teichen und Blumenbeeten findet man auch ein Amphitheater aus Eisen und Zement des französischen Künstlers Arman (1973). Im Westen befindet sich die Triennale mit dem Teatro dell'Arte. Dahinter erhebt sich die **Fontana metafisica,** ein Brunnen ohne Wasser des surrealistischen Künstlers Giorgio de Chirico (1973). Eine lohnende Aussicht hat man von der nahegelegenen:

Torre Branca (D 3)

Tel. 023 31 41 20
Okt–März: Mi 10.30–12.30,
15.30–18.30,
Sa 10.30–13, 15–18.30, 20.30–0,
So 10.30–12.30, 14–19 Uhr,
April–Sept.: Di und Do nur abends,
Di 21.30–0, Do 19.30–0,
Mi 10.30–12.30, 14.30–18.30,
21.30–0,
Fr 14.30–18.30, 21.30–0,
Sa und So 10.30–14, 14.30–19.30,
21.30–0 Uhr
Bei schlechtem Wetter geschl.
(die angegebenen Zeiten sind nicht verbindlich!), Eintritt: 3 €
Sechs bis sieben Personen fahren mit dem Aufzug auf den 1932 von Gio Ponti und anderen Architekten errichteten, fast 100 m hohen Turm und können etwa fünf Minuten lang die Aussicht auf die Stadt genießen.

Der schöne Park der Villa Belgioioso dient auch als Kinderspielplatz

Ausflüge

Hafen am Lago di Como

Bergamo

Schon von weitem lockt Bergamo den Besucher mit seinen eindrucksvollen Festungsmauern und Türmen. Wenn man dann ankommt, trifft man auf zwei ganz unterschiedliche Städte: auf das reiche, saubere, bis auf die großartige Gemäldesammlung in der 200-jährigen Accademia Carrara wenig interessante **Bergamo Bassa** und hoch darüber auf dem Hügel auf die faszinierende **Città Alta.** Dort wandert man durch enge, verwinkelte Sträßchen bis ins Zentrum, zur Piazza Vecchia, auf der ein Markuslöwe uns verrät, dass Bergamo lange zu Venedig gehörte.

Hier muss man sich entscheiden, ob man lieber durch die alten Gassen schlendern und den weiten Blick auf das zu Füßen liegende Land genießen möchte, oder ob man sich von der pittoresken Asymmetrie der Bauten rings um die Piazza del Duomo verführen lässt. Auf der östlichen Seite des Platzes liegt der häufig umgebaute Dom, nördlich davon der Palazzo della Ragione. Auf der westlichen Seite steht ein winziges Baptiste-

Palazzo della Ragione in Bergamo

rium aus dem 14. Jh. und die romanische Basilika Santa Maria Maggiore sowie der erste lombardische Renaissance-Bau, die Capella Colleoni, das Grabmal des bergamaskischen Kriegsmannes Colleoni. Ihm zu Ehren schuf Verrocchio im Auftrag der Serenissima das Reiterdenkmal in Venedig. Die Basilika ist ein architektonisches Kunstwerk voller kostbarer Schätze. Besonders hervorzuheben ist das Intarsiengemälde Lorenzo Lottos an den Chorschanken vor dem Altar.

Mit dem **Auto** über die A 4 (ca. 45 Min.).
Mit dem **Zug** von der Stazione Centrale (ca. 60 Min).

Castiglione Olona, Monastero di Torba und Castelseprio

Der kleine Ort **Castiglione Olona** (ca. 7500 Einwohner), seit Jahrzehnten bekannt für seinen Antiquitätenmarkt an jedem ersten Sonntag im Monat, ist unter dem Motto ›ein Stück Toskana in der Lombardei‹ als wichtiger Kunstort in die Geschichte eingegangen. Dies verdankt er dem Kardinal Branda Castiglioni (1350–1443), der seinerzeit große italienische Künstler in sein Städtchen berief. Ein Brunelleschi-Schüler erbaute die Kirche neben dem Palast des Kardinals, die Chiesa di Villa. Masolino da Panicale schuf die Fresken im Palast und in der Apsis der Collegiata. Der Freskenzyklus über das ›Leben Johannes des Täufers‹ (1435) im Baptisterium gehört zu seinen reifsten Werken.

Auf dem Weg zum römischen Castelseprio kommt man am **Monastero di Torba** vorbei. Im 5.–6. Jh. als militärischer Stützpunkt entstanden, wurde es wahrscheinlich im 8. Jh. zum Kloster umgebaut. Aus dieser Zeit stammen auch die Fresken im zweiten und dritten Stock des Turms und die romanisch umgebaute kleine Kirche. Seit 1977 befindet sich der kleine Komplex im Besitz des FAI (›Fondo Ambiente Italiano‹, eine späte, aber geglückte Kopie des englischen ›National Trust‹), der die Gelder für die Restaurierung zur Verfügung stellte und das *monastero* nun für kulturelle Veranstaltungen nutzt.

Castelseprio selbst ist eine Burganlage aus spätkaiserlicher Zeit (4.–5. Jh.), die bis zu ihrer Zerstörung durch Ottone Visconti 1287 ein wichtiges militärisches und religiöses Zentrum in der Lombardei war. Erst vor wenigen Jahrzehnten wurden die Ruinen entdeckt und ausgegraben. Am interessantesten ist die kleine Kirche Santa Maria Foris Portam, in der man 1944 den leider inzwischen sehr verblassten Freskenzyklus eines byzantinischen, vermutlich vor dem Bildersturm geflohenen Künstlers aus dem 7.–8. Jh. entdeckt hat.

Mit dem **Auto** über die A 9 Richtung Como, Ausfahrt Saronno Statale (Varesina), dann Richtung Varese und links nach Castiglione Olona (etwa 40 km nördlich von Mailand). Von dort aus geht es Richtung Süden den Fluss Olona entlang über Gornate Olona zum kleinen, einsam an der Straße liegenden Ort Torba. Hinter Torba erreicht man nach kurzer Strecke Castelseprio.

Como

Es ist ganz einfach, sich in Como zu verlieben. Die Lage am Rand der Ebene vor dem bergumgebenen See ist ebenso schön, wie die alte Stadt selbst. Die Kathedrale, gotisch begonnen und erst im

späten Barock mit der mächtigen Kuppel beendet, und daneben das romanische ehemalige Rathaus, der *broletto,* verbinden auf der Piazza del Duomo geistliche und weltliche Macht. Von der Piazza führt die romantische Hauptgeschäftsstraße zu eleganten Läden, vor allem mit den berühmten Produkten der Seidenstadt. Die Maulbeerbäume, deren Blätter die Seidenraupen ernähren, konnte man noch vor dem Zweiten Weltkrieg in der ganzen Provinz finden. Man sollte mit der Seilbahn auf den nächstliegenden höchsten Gipfel fahren, um das wunderbare Panorama genießen zu können.

Und wer dann mehr als Seide und gemütliche Lokale sucht, kann drei romanische Kirchen bestaunen: San Fedele und, außerhalb der Stadtmauern mit dem romanischen Torturm, eine der größten Schöpfungen der lombardischen Romanik, die Basilika Sant'Abbondio, und zuletzt die nahe Klosterkirche San Carpofaro aus dem 11. Jh.

Mit dem **Auto** über die A 9 (ca. 45 Min.).
Mit dem **Zug** von der Stazione Centrale (ca. 45 Min.).

Der Comer See: grüne Berghänge und tiefblaues Wasser

Monza

Obwohl Monza einen königlichen Palast mit einem der größten Parks Europas besitzt, obwohl hier die wichtigste Formel-1-Rennbahn Italiens und eine der wichtigsten der Welt liegt, obwohl die Eiserne Krone, mit der die italienischen Könige von Mittelalter bis Napoleon gekrönt wurden, in Monzas Dom aufbewahrt wird, hat die Stadt immer im Schatten ihrer großen Nachbarin Mailand gestanden. 2004 ist es der drittgrößten Stadt der Lombardei mit 120 000 Einwohnern endlich gelungen, Provinzhauptstadt zu werden. Aber auch vorher hatte Monza ihre Autonomie bewahrt. Mitten in der mailändischen Diözese gelegen, hat Monza den römischen Ritus nie abgelegt, um ambrosianisch zu werden. Und mitten in einem ständig wachsenden Industriegebiet hat es etwas vom Glanz einer, wenn auch verpassten, Hauptstadt bewahrt. Das liegt an der in den letzten Jahrzehnten gut restaurierten Villa Reale und an dem prachtvollen, riesigen Park, der für smoggeplagte Mailänder der nächste Ausflugsort ist. In dem 750 Hektar großen Park befinden sich Wiesen, Wälder, Höfe, kleine Seen, ein Golfplatz, eine Pferderennbahn und die berühmte, von Umweltschützern immer wieder angefochtene Autorennbahn. Die unter Maria Theresia errichtete Villa wurde eine Sommerresidenz des Italienischen Königshauses. Hier wurde der Savoyer König Umberto I. im Juli 1900 von einem Anarchisten erschossen.

Im alten Stadtkern sind der Arengario, das gotische aber stark restaurierte Stadthaus, und einige Kirchen sehenswert, doch das wichtigste Gebäude ist der Dom. Der katholischen Theodolinde, Königin der Langobarden, ist die schönste Kapelle des Doms gewidmet. Fresken aus dem 15. Jh. erzählen aus ihrem Leben. Im Tabernakel des Altars wird die wichtigste Reliquie der Stadt aufbewahrt: die kostbare, reich mit goldener Filigranarbeit versehene und mit Edelsteinen besetzte ›Eiserne Krone‹, deren inneres Eisenband der Überlieferung nach aus einem Nagel vom Kreuze Christi geschmiedet ist. Mit ihr wurden seit dem 13. Jh. alle Herrscher des Heiligen Römischen Reiches Deutscher Nation gekrönt. Man sollte unbedingt in das Museo Serpero hinabsteigen, dessen Domschatz zu den reichsten Italiens gehört. Das schönste Objekt ist die ›Henne mit sieben Küken‹ aus vergoldetem Silber (6./7. Jh.).

Etwa 12 km nördl. von Mailand. Mit dem **Auto** ab Piazzale Lagosta (F 1) über die Viale Zara und weiter Viale Fulvio Testi immer geradeaus (je nach Verkehr).
Mit dem **Zug** von der Stazione Centrale, die meisten Züge von der Stazione di Porta Garibaldi (12 min).

Pavia

Die dominierenden Farben in der alten Gelehrtenstadt am Ufer des Ticino, die schon unter Theoderich eine berühmte Schule für Rhetorik und Rechtswissenschaft besaß, sind Rot und Gelb: Sandstein und Backstein. Ende des 14. Jh. gründete Gian Galeazzo Visconti hier die Universität, die bis zum Beginn des 20. Jh. die einzige in der Lombardei bleiben sollte. Er ließ auch das Kastell und – als seine Grabstätte – ein Kartäuserkloster, die Certosa di Pavia, erbauen, deren Ruhm den der Kirchen in den Schatten stellt. Die Kathedrale von Pavia besitzt eine achteckige mächtige Kuppel.

Die wohl schönste und älteste Kirche der Stadt ist aber San Michele. Der von den Langobarden als Krönungskirche begonnene Bau wurde nach Bränden und Zerstörungen im 12. Jh. im romanischen Stil wieder aufgebaut. Aus der Gründungszeit blieb nur die Sandsteinfassade mit den leider sehr verwitterten Reliefs erhalten, die Tiere und Fabelwesen zeigen.

Neun Geschlechtertürme recken sich in der einstigen ›Stadt der 100 Türme‹ immer noch in den Himmel. Fünf Kollegiengebäude, zur Zeit der Renaissance für Studenten erbaut, dienen noch heute diesem Zweck.

Mit dem **Auto** über die Statale 35 Milano–Pavia (etwa 30 Min. Fahrt).
Mit dem **Bus** ab Viale Bligny.

Die barocke Fassade des Doms auf der Piazza Ducale in Vigevano

Vigevano

Die kleine Stadt, in der die erste maschinelle Schuhfabrikation Italiens begann, besitzt einen der schönsten Renaissance-Plätze des Landes. Der Platz soll von Bramante entworfen worden sein und liegt direkt unterhalb der riesigen Schlossanlage der Visconti. Jeden dritten Samstag im Monat wird hier Markt abgehalten. Auf dem Hin- oder Rückweg sollte man in Cassinetta di Lugagnano (bei Abiategrasso, 24 km von Mailand) Halt machen, denn hier wird in der ›Antica Osteria del Ponte‹ (Piazza G. Negri 9, Tel. 029 42 00 34) Köstliches aus einer der besten Küchen Italiens serviert (über 100 €).

Mit dem **Auto** am Naviglio Grande entlang bis Abiategrasso und von dort weiter nach Vigevano (ca. 30 Min.).
Mit dem **Zug** ab Stazione di Porta Genova (ca. 30 Min.).

Extra-

Fünf Extras in der Mode- und Messestadt
1. Von Modetempel zu Modetempel durch das ›Goldene Karree‹
2. Von Grab zu Grab – Die Kunst im Cimitero Monumentale
3. Auf den geheimnisvollen Spuren von Leonardo da Vinci

Alle Touren sind auf dem großen Faltplan eingezeichnet

Touren

4. Zu den Basiliken – Der hl. Ambrosius, kostbare Mosaiken und wie man Kopfschmerzen bekämpft
5. Im Navigli-Viertel – Wo man noch einen Hauch romantisches Mailand erleben kann

Bildnachweis/Impressum

Titel: Galleria Vittorio Emanuele II
Vordere Umschlagklappe: Dom und Galleria Vittorio Emanuele II
Vignette S. 1: Schaufenster in der Via della Spiga
S. 6/7: Dom Santa Maria Nascente
S. 8: Café Baratti
S. 24/25: Café Zucca
S. 62: Brera-Viertel
S. 106/107: Mosaikboden in der Galleria Vittorio Emanuele II

Fotografen:
Aigner, Gottfried (München): 43
Arnold, Bernd (Visum, Hamburg): S. 47, 100 (2)
Bianchi, Stefano (Mailand): S. 3u., 37, 44, 48, 50, 57, 60/61, 67, 90/91, 92/93, 108, 112, Rückseite (2)
Bungert, Sabine (laif, Köln): S. 3, 26, 78
Contrasto (laif, Köln): 76
Dewiel, Lydia L. (München): S. 114
dpa (picture-alliance, Frankfurt): Umschlagklappe vorn
Gesquiere, Jean Ch. (Scope, Mailand): S. 105, 116
Grimm, Peer (picture-alliance/ZB): 84
Guillard, Jacques (Scope, Mailand): S. 102/103
Hartmann, Herbert (Mailand): S. 110
Hemispheres (laif, Köln): Titel, S. 2, 8, 55
Hoehn (laif, Köln): 14
Kirchgessner (laif, Köln): 57
Krewitt, Gebhard (Visum, Hamburg): S. 1, 12, 28, 34, 98/99
Roemers, Martin (laif, Köln): 6/7
Thomas, Martin (Aachen): S. 106/107
Zanettini, Fulvio (laif, Köln): S. 9, 10, 24/25, 38/39, 51, 62, 70, 81, 82, 88, 96

Kartografie: DuMont Reisekartografie, Fürstenfeldbruck

Alle Angaben ohne Gewähr. Für Fehler können wir keine Haftung übernehmen.
Ihre Anregungen greifen wir gern auf – schnell und unkompliziert.
DuMont Reiseverlag, Postfach 3151, 73751 Ostfildern, E-Mail: info@dumontreise.de, Internet: www.dumontreise.de

4., aktualisierte Auflage 2008

Grafisches Konzept: Groschwitz, Hamburg
Druck: Rasch, Bramsche
Buchbinderische Verarbeitung: Bramscher Buchbinder Betriebe